L'art d'être berger

DAG HEWARD-MILLS

Parchment House

Sauf indication contraire, toutes les citations sont tirées
de la version Louis Segond de la Bible (1910)

Extraits sont tirés de *A Shepherd Looks at Psalm 23*
par W. Phillip Keller. Copyright © 1970, 2007
Utilisés avec permission de Zondervan
WWW.ZONDERVAN.COM

Titre original : **The Art of Shepherding**
Publié pour la première fois en 2010 par
Lux Verbi.BM (Pty) Ltd.

Version française publié pour la première fois en 2010 par Parchment House. Traduit par : Professional Translations, Inc.
Troisième impression en 2015

Pour en savoir plus sur Dag Heward-Mills
Campagne Jésus qui guérit
Écrivez à : evangelist@daghewardmills.org
Site web : www.daghewardmills.org
Facebook : Dag Heward-Mills
Twitter : @EvangelistDag

ISBN : 978-9988-1-3716-8

Dédicace
À ***Patrick et Joy Bruce***
Merci pour votre formidable travail au Nord du Ghana.

Table des matières

Première partie : LA BREBIS

Seconde partie : LE BERGER

Première partie
LA BREBIS

Chapitre 1

Pourquoi la brebis se repose

Ô venez, adorons et inclinons-nous ; agenouillons-nous devant le SEIGNEUR notre créateur.
Car il est notre Dieu, et NOUS SOMMES LE PEUPLE DE SON PÂTURAGE ET LES BREBIS DE SA MAIN…

Psaume 95 :6-7

Dans la Parole de Dieu, Ses peuples sont appelés brebis. Jésus nous a décrits comme « des brebis sans berger ». Il est important de comprendre la vie et le comportement des brebis afin de les guider efficacement. Vous devez vous con-sidérer comme une brebis par rapport à Dieu et par rapport à votre pasteur. Vous devez également voir les membres de votre église comme des brebis pour être capable de mieux les comprendre. Dans le Psaume 23, nous voyons comment David décrit la vie d'une brebis à partir de sa propre expérience de berger. Cette description vivante de la « vie des brebis » sort de la bouche d'un berger israélite expérimenté qui se voit lui-même, comme la propre brebis de Dieu.

Le Seigneur est mon berger ; je ne manquerai de rien.

Il me fait reposer dans de verts pâturages ; il me conduit près des eaux tranquilles. Il restaure mon âme, il me conduit dans les sentiers de droiture, à cause de son nom.
Oui même si je marche par la vallée de l'ombre de la mort, je ne craindrai aucun mal ; car tu es avec moi ; ton bâton et ta houlette me réconfortent.
Tu prépares une table devant moi, en présence de mes ennemis ;

Tu oins ma tête d'huile ; ma coupe déborde.

Assurément la bonté et la miséricorde me suivront tous les jours de ma vie, et je demeurerai dans la maison du Seigneur pour toujours.

Psaume 23 :1-6

J'étais ravi de découvrir de nombreux parallèles similaires dans la vie d'une brebis expliquée par un berger moderne, W. Phillip Keller, qui a travaillé pendant huit ans comme propriétaire et éleveur de brebis en Colombie-Britannique. Il avait l'expérience pratique du métier de berger dans un contexte moderne et il confirme de façon étonnante les révélations du Psaume 23.

Le SEIGNEUR est mon berger ; je ne manquerai de rien. IL ME FAIT REPOSER dans de verts pâturages ; il me conduit près des eaux tranquilles.

Psaume 23 :1-2

Les brebis se couchent seulement dans certaines circonstances. Vous devez être capable de faire reposer et garder avec vous les brebis de votre église. Vous devez stabiliser les brebis apeurées et les garder en famille autour de vous. De son expérience de berger, Phillip Keller partage quelques petites choses qui feront aliter les brebis. Chacun des quatre points ci-dessous montre pourquoi certaines personnes ne peuvent pas rester dans une église. Les tensions avec d'autres membres, la peur, les attaques diaboliques et le manque de bonne nourriture sont autant les raisons pour lesquelles les brebis ne s'affermissent pas dans les églises. Phillip Keller dit :

1. **Les brebis se reposent quand elles sont libérées de la peur** : en raison de leur timidité, elles refusent de se reposer à moins qu'elles soient exemptes de toute crainte. Les brebis sont si timides et facilement prises de panique que même un lièvre errant bondissant soudain de derrière un buisson peut faire fuir tout un troupeau. Quand une brebis est effrayée et s'enfuit en courant, une dizaine d'autres se précipitent avec elle dans une peur aveugle, sans attendre de voir ce qui leur faisait peur.

2. **Les brebis se reposent quand il n'y a pas de tension avec les autres de leur espèce** : en raison des comportements sociaux au sein d'un troupeau, les brebis ne se reposent pas, à moins qu'elles soient exemptes de frictions avec les autres de leur espèce.

3. **Les brebis se reposent quand elles ne sont pas tourmentées par les mouches ou les parasites** : si elles sont tourmentées par les mouches et les parasites, les brebis ne se reposent pas. C'est seulement quand elles sont libres de ces parasites qu'elles peuvent se détendre.

4. **Les brebis se reposent quand elles n'ont pas faim** : les brebis ne se reposent pas tant qu'elles sentent le besoin de trouver de la nourriture. Elles doivent être libérées de la faim. Pour être au repos, il doit y avoir un sens de liberté de la peur, de la tension, des agacements et de la faim ».[1]

Chapitre 2

Pourquoi la brebis a besoin d'eau

Le SEIGNEUR est mon berger ; je ne manquerai de rien. Il me fait reposer dans de verts pâturages ; IL ME CONDUIT PRÈS DES EAUX TRANQUILLES.

Psaume 23 :1-2

Notre berger moderne, Phillip Keller, décrit ses expériences avec les brebis et explique que les brebis ont besoin de beaucoup d'eau pour vivre normalement. Il a remarqué que lorsque les brebis ne reçoivent pas les eaux de l'Esprit dont elles ont besoin, elles les cherchent dans les mauvais endroits. Cela nous enseigne que chaque berger doit servir et fournir l'eau de l'Esprit Saint aux brebis. Les pasteurs doivent être spirituels et se servir de la puissance de l'onction de l'Esprit Saint. Le manque d'onction chez le ministère est la raison pour laquelle on voit des membres de l'église qui cherchent des solutions dans les sources occultes et le pouvoir de la sorcellerie.

Phillip Keller dit :

> « Tout comme le corps physique a une capacité et un besoin d'eau, de même l'Écriture nous indique clairement que l'âme humaine a une capacité et un besoin de l'eau de l'Esprit du Dieu éternel. Lorsque les brebis ont soif, elles deviennent inquiètes et se mettent en quête d'eau. Si elles ne sont pas conduites vers une eau de bonne qualité, *elles finissent souvent par boire dans des nids-de-poule pollués* où elles attrapent des parasites internes tels que des nématodes, des douves du foie et autres microbes.
>
> Cela me rappelle beaucoup d'un troupeau de brebis que j'ai gardé un jour, alors qu'on les conduisait à un magnifique ruisseau de montagne. Les eaux alimentées par la neige coulaient, pures, claires et cristallines entre les belles rives plantées d'arbres. Mais en chemin, plusieurs brebis têtues avec leurs agneaux s'arrêtèrent pour boire dans de petites mares sales et boueuses

au bord du sentier. L'eau était sale et polluée non seulement par la boue brassée au passage des brebis, mais aussi par le lisier et l'urine des troupeaux précédents qui étaient passés par là. Et pourtant, ces brebis têtues étaient très sures que c'était la meilleure boisson qu'elles pouvaient obtenir.

L'eau elle-même était sale et impropre pour elles. Bien plus, elle était manifestement infestée de nématodes et d'œufs de douve du foie qui finiraient par les infecter de parasites internes et de maladies d'impact destructif.

Il existe trois sources principales d'eau pour les brebis : les sources et les ruisseaux, la rosée sur l'herbe et les puits profonds. Le corps d'un animal comme la brebis est composé en moyenne d'environ 70 pourcent d'eau. L'eau est utilisée pour maintenir le métabolisme normal du corps ; c'est une partie de chaque cellule, contribuant à sa turgescence et aux fonctions vitales normales.

L'eau détermine donc la vitalité, la force et la vigueur des brebis ».[2]

Chapitre 3

Comment la brebis tombe à terre

Pourquoi es-tu abattue, ô mon âme ? Et pourquoi es-tu agitée en moi? Espère en Dieu…

Psaume 42 :11

Notre berger moderne décrit aussi ses expériences avec les brebis et partage ce que signifie pour une brebis de se sentir abattue. Il est intéressant de découvrir que n'importe quelle brebis peu devenir sans force et incapable de se tenir debout sans aide. Le parallèle entre les vraies brebis et les vraies personnes est pour le moins frappant.

Phillip Keller partage son expérience en tant que propriétaire de brebis travaillant avec de vraies brebis. Il dit :

« 'Cast ou cast down' en anglais veut dire 'abattu' mais, c'est un terme de berger en vieil anglais pour désigner une brebis qui s'est retournée sur le dos et ne peut pas se relever toute seule. Une brebis dans cette position est très pitoyable à voir. Couchée sur le dos, les pieds en l'air, elle s'épuise en luttant désespérément pour se lever, sans succès. Quelquefois, elle peut bêler un peu pour demander de l'aide, mais généralement, elle reste là à se battre dans la frustration et la peur.

Si le propriétaire n'arrive pas sur les lieux dans un court délai raisonnablement, la brebis meurt. C'est là une autre raison pour laquelle il est si essentiel qu'un berger soit attentif et veille sur son troupeau chaque jour, en comptant ses brebis pour voir s'ils peuvent tous se tenir debout. Si une ou deux manquent, souvent la première idée qui traverse son esprit est : *« l'une de mes brebis est part terre quelque part. Je dois aller à sa recherche et la remettre debout ».*

Il n'y a pas que le berger qui reste à l'affut pour les brebis qui peuvent être à terre, mais aussi les prédateurs. Les buses, les vautours, les chiens, les coyotes et les pumas savent tous qu'une brebis à terre est une proie facile et que la mort n'est pas loin.

Cette connaissance que toute brebis à terre est sans défense, proche de la mort et vulnérable aux attaques, rend le problème de brebis-à-terre très sérieux pour le berger. Rien ne semble autant susciter ses soins constants et son attention diligente pour le troupeau que le fait que même les brebis les plus grosses, les plus grasses, les plus fortes et parfois les plus saines peuvent tomber à terre et être blessées. En fait, c'est souvent les brebis grasses qui tombent le plus facilement à terre.

Voici comment cela arrive : Une lourde brebis, grasse ou avec une longue toison, se couche confortablement dans un certain petit creux ou dépression du sol. Elle peut rouler légèrement sur son côté pour s'allonger ou se détendre. Soudain, le centre de gravité de son corps se déplace de sorte que lorsqu'elle se tourne, ses pieds ne touchent plus le sol. Elle peut éprouver un sentiment de panique et commencer à donner désespérément des coups de patte. Cela ne fait souvent qu'empirer les choses. Elle se roule alors encore plus loin. Maintenant, il lui est tout à fait impossible de se mettre debout.

Alors qu'elle est allongée là à se débattre, les gaz commencent à s'accumuler dans le rumen. En s'accumulant, ils ont tendance à retarder et couper la circulation sanguine dans les extrémités du corps, surtout dans les pattes. S'il fait très chaud et il y a beaucoup de soleil, une brebis à terre peut mourir en quelques heures. S'il fait frais et si le temps est couvert et pluvieux, elle peut survivre dans cette position pendant plusieurs jours.

Un berger peut passer des heures à chercher une seule brebis qui manque. Le plus souvent, il la voit à distance, sur son dos et sans défense. Il se met à courir vers elle, se pressant aussi vite qu'il peut, car chaque minute est critique. Le berger éprouve un sentiment mêlé de crainte et de joie : de peur qu'il peut être trop tard et de joie qu'il l'ait retrouvée.

Dès que le berger arrive vers la brebis à terre, son premier mouvement est de la ramasser. Tendrement, il la roule sur son côté. Cela permet de réduire la pression des gaz dans le rumen.

Si la brebis est restée à terre pendant longtemps, le pasteur doit la relever lui-même pour la remettre debout. Ensuite, serrant la brebis entre ses jambes, le berger la tient droite, frottant ses pattes pour y rétablir la circulation. Cela prend souvent un peu de temps. Quand la brebis recommence à marcher, elle trébuche souvent, chancelle et s'effondre à nouveau.

Petit à petit, la brebis retrouve son équilibre. Elle commence à marcher plus régulièrement et avec plus de stabilité. Bientôt, elle part en courant rejoindre les autres, libérée de ses peurs et de ses frustrations, ayant reçu une nouvelle chance de vivre un peu plus longtemps. Les brebis tombent à terre pour des différentes raisons.

1. **Les brebis qui choisissent les creux confortables, mous et arrondis pour se coucher restent très souvent à terre.** Dans une telle situation, il est si facile de rouler sur le dos.

   Dans la vie chrétienne, il y a le grand danger de toujours chercher la place confortable, le coin douillet, la position confortable où il n'y a pas d'épreuve, pas besoin d'endurance ni de maîtrise de soi.

2. **Avoir trop de laine peut causer une brebis de rester à terre.** Souvent, lorsque la toison devient très longue et pleine de boue, de fumier, de broussins et autres débris, il est beaucoup plus facile pour une brebis de tomber à terre, littéralement écrasée sous le poids de sa propre laine.

   Le mot « laine » dans l'Écriture décrit la vie du vieil homme chez le chrétien. C'est l'expression extérieure d'une attitude intérieure, l'affirmation de nos propres désirs, de nos espoirs et aspirations. C'est le domaine de notre vie où nous sommes continuellement en contact avec le monde qui nous entoure. C'est ici que nous trouvons l'accumulation de biens, des idées mondaines qui nous accablent, nous font glisser et nous tiennent à terre.

   Il est significatif qu'aucun grand prêtre n'ait jamais été autorisé à porter de la laine quand il entrait dans le Saint des Saints. Cela évoquait l'égocentrisme, la fierté et la préférence personnelle - et Dieu ne tolérait pas cela.

Quand une brebis tombe à terre parce qu'elle a une toison trop longue et trop lourde, le berger prend des mesures rapides pour remédier à la situation. Il la tond et évite le danger que la brebis perde sa vie. Ce n'est pas un processus agréable. Les brebis n'aiment pas vraiment être tondues. Cela représente aussi beaucoup de travail pour le berger, mais cela doit être fait.

3. **Le fait d'être trop grasse peut faire tomber une brebis à terre. C'est un fait bien connu que les brebis trop grasses ne sont ni les plus saines ni les plus productives.** Et c'est certainement les plus grasses qui tombent le plus souvent à terre. Tout simplement à cause de leur poids, il leur est beaucoup plus difficile d'être souples et agiles sur leurs pattes. Une fois qu'un berger soupçonne que ses brebis tombent à terre parce qu'elles sont trop grasses, il prend des mesures à longue durée pour remédier au problème. Il soumet les brebis à une ration plus rigoureuse: elles obtiennent moins de nourriture et il surveille leur état général de plus près. L'objectif du berger est de voir que les brebis soient fortes, solides, énergiques et pas grasses, molles et fragiles ».[3]

Chapitre 4

Pourquoi la brebis a besoin d'être guidée

Le SEIGNEUR est mon berger ; je ne manquerai de rien. Il me fait reposer dans de verts pâturages ; il me conduit près des eaux tranquilles.
Il restaure mon âme, IL ME CONDUIT dans les sentiers de droiture, à cause de son nom.

Psaume 23 :1-3

Sans conseil, les membres de nos églises s'égareraient et leurs vies seraient détruites. Beaucoup de gens ont des *modèles autodestructeurs* intégrés dans leur vie. Le berger moderne révèle pourquoi les brebis ont besoin de conseil. Il nous dit que lorsque les brebis sont laissées à elles-mêmes, elles s'égarent et se détruisent par des comportements autodestructeurs négatifs.

Il dit ceci :

« Une idée communément admise mais tout à fait fausse au sujet des brebis est qu'elles peuvent 'tout simplement aller n'importe où'. La vérité est tout à fait l'inverse. *Aucun autre bétail n'exige de traitement plus attentif, de directions plus détaillées que les brebis.* De même que les brebis se suivent bêtement, à l'aveuglette et de façon habituelle le long des mêmes petits sentiers jusqu'à ce qu'ils deviennent des ornières qui se creusent des ravins gigantesques, de même nous, les humains, nous nous accrochons aux mêmes habitudes que nous avons vu causer la ruine d'autres vies. »

Nous avons tous été errants comme des brebis, nous nous sommes détournés chacun suivant son propre chemin, et le SEIGNEUR a placé sur lui l'iniquité de nous tous.

Esaie 53 :6

Les brebis doivent être gérées et manipulées avec un soin intelligent. Lorsque les brebis sont laissées à elles-mêmes, elles vont leur propre chemin et suivent les caprices de leurs propres habitudes destructives.

1. **Sans conseil, les brebis suivent les mêmes sentiers jusqu'à ce qu'ils deviennent des ornières.** Les brebis rongent l'herbe jusqu'au sol même, jusqu'à ce que même les racines soient endommagées. Dans ces endroits, les racines de l'herbe sont déterrées, laissant derrière la stérilité absolue. Ces pratiques abusives signifient une perte de fertilité et l'exposition de la terre à tous les ravages de l'érosion.

2. **Sans conseil, les brebis peuvent brouter les mêmes collines jusqu'à les transformer en déserts.** La terre et le propriétaire sont ruinés tandis que les brebis deviennent minces, atrophiées et malades. La plus grande protection dont bénéficie un berger dans la gérance de son troupeau, est de les garder en marche. Elles doivent changer de pâturage périodiquement.

3. **Sans conseil, les brebis polluent leur propre terrain jusqu'à ce qu'il soit ravagé de maladies et de parasites.** À cause du comportement des brebis et de leur préférence pour certains endroits favoris, ces lieux très usés deviennent rapidement infestés de parasites de toutes sortes. En peu de temps, un troupeau tout entier peut ainsi être infesté de vers, de nématodes et de gale ».[4]

Sept signes que vous suivez un berger

1. La prospérité. Le premier signe que vous êtes conduit par un berger est la prospérité. La prospérité vient toujours à quelqu'un qui obéit à la voix du Seigneur.

   Le SEIGNEUR est mon berger ; je ne manquerai de rien.

   Psaume 23 :1

2. Le calme. Le deuxième signe que vous êtes conduit par un berger est le calme, la paix et l'assurance.

   ...il me conduit près des EAUX TRANQUILLES.

   Psaume 23 :2

3. La nourriture spirituelle. Quelqu'un qui est sous la garde d'un berger est rempli de la Parole de Dieu.

   Il me fait reposer dans DE VERTS PÂTURAGES...

   Psaume 23 : 2

4. Le confort. Recevoir le confort est une autre bénédiction du fait d'être proche de votre berger.

   Oui même si je marche par la vallée de l'ombre de la mort, je ne craindrai aucun mal ; car tu es avec moi ; TON BÂTON ET TA HOULETTE ME RÉCONFORTENT.

   Psaume 23 :4

5. L'onction. Les gens qui suivent le berger deviennent oints. L'onction est le signe que vous suivez vraiment le Seigneur.

   ...Tu OINS MA TÊTE d'huile ; ma coupe déborde.

   Psaume 23 :5

6. La bonté et la miséricorde. Si vous êtes le berger, Vous devez vous attendre à ce que de bonnes choses et la miséricorde abondent dans votre vie. La bonté et la miséricorde dans votre vie est un signe que vous suivez le berger.

   Assurément la bonté et la miséricorde me suivront tous les jours de ma vie...

   Psaume 23 :6

7. La joie éternelle. La joie éternelle est le lot de ceux qui suivent le berger.

   ...je demeurerai dans la maison du SEIGNEUR pour toujours.

   Psaume 23 :6

Chapitre 5

Pourquoi la brebis a besoin de verts pâturages

Le SEIGNEUR est mon berger ; je ne manquerai de rien. Il me fait reposer dans de verts pâturages ; il me conduit près des eaux tranquilles.

Psaume 23 : 1-2

Une fois de plus, notre berger moderne décrit pourquoi les brebis ont besoin de pâturages frais pour pâturer. Il décrit comment la réputation du berger est déterminée par la façon dont il est capable de choisir différents pâturages pour les brebis. Il dit et je cite:

« Il doit y avoir un plan d'action prédéterminé, une rotation planifiée délibérée d'un terrain de pâturage à un autre conformément à des principes justes et bons de bonne gestion. Le nom et la réputation du propriétaire compte sur son efficacité de garder les brebis dont il a la charge en mouvement, uniquement vers des pâturages sains, nouveaux et frais. C'est ce que David a en tête quand il parle d'être conduit dans des sentiers de droiture.

Un berger doit avoir une intime connaissance de ses pâturages. Il doit parcourir sans cesse les terrains. Il doit connaître tous les avantages et tous les inconvénients. Il doit savoir où son troupeau peut prospérer et être conscient de l'endroit où l'alimentation est pauvre, de sorte qu'il sache où guider les brebis. Chaque fois qu'un berger ouvre la barrière d'un nouveau pâturage, les brebis sont excitées. Quand elles passent la barrière, même les vieilles brebis calmes donnent souvent des coups de pattes et bondissent de joie à la perspective de trouver de la nourriture fraîche. Comme elles aiment être conduites dans un nouveau terrain !

« Je peux revoir mon troupeau en esprit. La sérénité, le calme et la douceur du matin à l'aube trouvaient toujours mes brebis dans l'herbe trempée de rosée. Là, elles se nourrissaient beaucoup et avec contentement. Au lever du soleil et alors que la chaleur faisait évaporer les perles de rosée sur les feuilles, le troupeau se retirait pour trouver de l'ombre. Là, pleinement rassasiée et heureuses d'être rétablies, elles se couchaient pour se reposer et ruminer toute la journée. Rien ne me faisait plus plaisir ».[5]

Chapitre 6

Pourquoi la brebis doit passer par des vallées

Oui MÊME SI JE MARCHE PAR LA VALLÉE de l'ombre de la mort, je ne craindrai aucun mal ; car Tu es avec moi ; ta houlette et ton bâton me réconfortent.

Psaume 23 :4

Notre berger moderne décrit aussi ses expériences avec les brebis et partage la façon dont les brebis ont besoin de passer dans les vallées. Il est intéressant de noter que les bergers ne conduisent pas seulement leurs brebis à travers les sommets, mais les conduisent aussi dans les vallées. Beaucoup d'entre nous pensent que si Dieu est avec nous, Il nous conduira uniquement sur les hauteurs. Mais une vallée parle des temps et saisons difficiles de notre vie.

Nous apprenons que le berger ne laisse pas les brebis dans les vallées, mais les conduits à travers les vallées sombres et effrayantes et les ramène aux sommets. N'est-ce pas une description de notre propre vie ? Combien de fois sommes-nous passés par des vallées sombres et isolées où seule la voix du berger nous a soutenus ? Combien de fois le réconfort et la force du pasteur ont été la seule ressource des membres de l'église ? Une fois encore, je cite les expériences concrètes d'un berger qui utilisait de vraies techniques de berger.

Il dit :

1. **La plupart des bergers efficaces s'efforcent de conduire leurs troupeaux dans des lieux éloignés pendant l'été.** Cela implique souvent de « longs » parcours. Les brebis avancent lentement, se nourrissant en chemin, gravissant peu à peu les montagnes derrière la neige en recul. À la fin de l'été, elles sont toutes en haut des prairies alpines reculées, au-dessus de la ligne des arbres.

À l'approche de l'automne, les premières neiges tombent sur les crêtes les plus élevées, ce qui oblige implacablement le troupeau à redescendre vers des altitudes plus basses. Enfin, vers la fin de l'année, l'automne étant fini, les brebis sont conduites à la bergerie où elles passeront l'hiver.

Pendant ce temps, le troupeau est complètement seul avec le berger. Les brebis sont en contact intime avec lui et font l'objet de son attention très personnel jour et nuit.

Chaque montagne a des vallées. Ses côtés sont striés de profonds ravins, de combes et de ravines. Et le meilleur itinéraire vers le sommet passe toujours par ces vallées. Tout berger qui connait bien le haut pays sait cela. Il conduit son troupeau en douceur, mais avec persévérance, le long des chemins qui montent et serpentent à travers les sombres vallées. Il faut remarquer que le verset dit : « Même si je *marche par* la vallée de l'ombre de la mort ». Il ne dit pas que je meure ou que je m'arrête, mais plutôt « Je marche ».

2. **C'est dans les vallées de notre vie que nous trouvons le réconfort de Dieu Lui-même.** Tant que nous n'avons pas marché avec Lui à travers des problèmes très profonds, nous ne pouvons découvrir qu'Il peut nous conduire pour trouver notre réconfort en Lui, exactement au milieu de nos difficultés. À moins d'être effectivement passé par une telle expérience, cela peut sembler difficile à croire.

3. **Seuls ceux qui sont passés par ces sombres vallées peuvent consoler, réconforter et encourager les autres dans des situations similaires.** La plupart d'entre nous ne veulent pas de vallées dans nos vies. Elles nous font reculer avec un sentiment de peur et d'appréhension. Pourtant, en dépit de nos pires appréhensions, Dieu peut apporter un grand bénéfice et une bénédiction durable à d'autres à travers ces vallées.

4. **Un berger choisit de conduire son troupeau à travers les vallées, car généralement la nourriture la plus riche et le meilleur fourrage se trouvent le long du parcours.** Le troupeau est conduit avec douceur – on ne le presse pas. Les agneaux ne sont jamais passés par là. Le berger veut être sûr qu'il n'y aura pas seulement de l'eau, mais aussi le meilleur

pâturage possible pour les brebis et leurs agneaux. En général, les meilleures prairies sont dans ces vallées le long des berges. Ici, les brebis peuvent se nourrir alors qu'elles avancent vers le haut pays.[6]

Chapitre 7

Ce que signifie pour une brebis d'être mécontente

Le berger moderne, décrit comment les vraies brebis peuvent être mécontentes et causer des problèmes pour le reste du troupeau. La description de vraies brebis provoquant la division, le mécontentement et la confusion enseigne à chaque berger à ne pas être surpris par des manifestations similaires chez les « brebis humaines ». En effet, la façon dont un vrai berger traite les brebis est une cause de confusion et une révélation pour tous les pasteurs - tuez la brebis déloyale et mangez-la à votre souper !

Laissons-nous enseigner par un berger moderne. Voici un autre extrait du livre *« Un berger considère le Psaume 23 »* :

> « Voici, celui qui garde Israël ne sommeillera pas, et ne s'endormira pas non plus (Psaume 121 :4). En dépit d'un tel maître et propriétaire, le fait est que certains chrétiens ne sont toujours pas contents de Sa façon de faire. Ils sont quelque peu mécontents, ayant toujours le sentiment que d'une manière ou d'une autre, l'herbe de l'autre côté de la clôture doit être un peu plus verte. Ce sont des chrétiens charnels - on pourrait presque les appeler des « passe-clôture » ou des « demi-chrétiens » qui veulent le meilleur des deux mondes.
>
> J'ai eu une fois une brebis dont le comportement caractérisait exactement ce genre de personne. C'était l'une des brebis les plus attrayantes que j'aie jamais eue. Son corps était bien proportionné. Elle avait une forte constitution et une excellente toison de laine. Sa tête était propre, alerte, bien plantée avec des yeux brillants. Elle a produit des agneaux vigoureux qui se développaient rapidement. Mais en dépit de tous ces attributs attrayants, elle avait un défaut prononcé. Elle était inquiète - mécontente - une « passe-clôture ».

Cette brebis à elle seule causait plus de problèmes pour moi que presque tout le reste du troupeau. Quelque soit le champ ou le pâturage où les brebis se trouvaient, elle fourrageait tout au long des clôtures ou des rivages (nous vivions près de la mer) à la recherche d'une brèche par laquelle elle pourrait s'immiscer pour se nourrir de l'autre côté. Ce n'était pas qu'elle manquait de pâturages. Mes champs étaient ma joie et mon plaisir. Aucune brebis de la région n'avait de meilleurs pâturages.

Pour cette brebis, il s'agissait d'une habitude bien ancrée. Elle n'était tout simplement jamais contente. Souvent, quand elle s'était forcé un passage à travers un endroit dans une clôture ou avait trouvé un moyen de contourner l'extrémité du barbelé à marée basse sur les plages, elle finissait par se nourrir de pâturages maigres, bruns et brûlés d'une qualité très inférieure. Mais elle n'apprenait jamais la leçon et continuait de temps en temps à aller de l'autre côté de la clôture.

Cela aurait été déjà assez mauvais si elle avait été la seule à faire ça. C'était un grand problème de la trouver et la ramener. Mais l'autre point est qu'elle a enseigné la même astuce à ses agneaux. Ils suivaient tout simplement son exemple et furent bientôt aussi habiles à s'échapper que leur mère.

Pire encore, cependant, est l'exemple qu'elle donna aux autres brebis. En peu de temps, elle commença à entraîner les autres à travers les mêmes brèches et par les mêmes chemins dangereux vers la mer.

Après avoir supporté son entêtement tout un été, j'en vins finalement à la conclusion que pour empêcher le reste du troupeau de devenir instable, elle devrait disparaître. Je ne pouvais pas permettre à une brebis entêtée et mécontente de ruiner tout le troupeau.

Ce fut une décision difficile à prendre, car je l'aimais comme j'aimais les autres. Sa force, sa beauté et sa vivacité étaient un délice pour les yeux.

Mais un matin, je saisis le couteau et la tua. J'avais mis fin à son habitude de franchir la clôture. C'était la seule solution au dilemme. C'était une brebis qui, en dépit de tout ce que j'avais fait pour lui prodiguer les meilleurs soins possibles, voulait toujours autre chose ».[7]

Chapitre 8

Pourquoi la brebis a besoin d'un bâton

Oui même si je marche par la vallée de l'ombre de la mort, je ne craindrai aucun mal ; car tu es avec moi ; TON BÂTON et ta houlette ME RÉCONFORTENT.

Psaume 23 :4

Phillip Keller, un berger moderne, décrit que le bâton est l'équipement principal du berger. Le bâton parle donc de la Parole de Dieu utilisé pour s'occuper des hommes. C'est la seule base du pouvoir et l'autorité du berger. Un pasteur doit chérir la Parole de Dieu et la considérer comme son meilleur outil dans le ministère. La Parole de Dieu fait pour le pasteur ce que le bâton fait pour le berger :

1. Le bâton est sur quoi le berger compte pour se préserver lui-même et préserver son troupeau du danger.

2. Le bâton est l'instrument que le berger utilise pour discipliner et corriger les brebis égarées qui persiste dans leurs errances.

3. Le bâton du berger est son arme lui donnant pouvoir et autorité.

4. Il y a un certain confort et de la consolation à voir le bâton dans les mains habiles du berger. Les brebis perçoivent que le bâton du berger est un continuel confort pour eux.

5. Le berger utilise le bâton pour le bien de ses brebis - pour discipliner les brebis.

6. Le berger utilise le bâton pour examiner et compter les brebis. Ézéchiel 20 :37 (Et je vous ferai passer sous le bâton, et vous ramènerai sous le lien de l'alliance). « Passer sous le bâton » veut dire être sous le contrôle et l'autorité du berger, faire l'objet des soins les plus attentifs et les plus intimes du berger. Quand une brebis est « passée sous le bâton », cela

veut dire qu'elle a été comptée et examinée avec grand soin pour s'assurer que tout allait bien.

7. Le bâton du berger est un instrument de protection à la fois pour lui et pour ses brebis quand elles sont en danger. Il l'utilise à la fois comme défense et comme moyen de dissuasion contre tout ce qui pourrait attaquer.[8]

Chapitre 9

Pourquoi la brebis a besoin d'une houlette

Oui même si je marche par la vallée de l'ombre de la mort, je ne craindrai aucun mal ; car tu es avec moi ; ton bâton et TA HOULETTE ME RÉCONFORTENT.

Psaume 23 :4

Notre berger moderne décrit la différence entre la houlette et le bâton. Il nous dit que, tandis que le bâton transmet le concept d'autorité, de pouvoir, de discipline et de défense contre le danger, la houlette évoque tout ce qui est patient et gentil. La houlette du berger est un long bâton mince, souvent avec un crochet à un bout. Le propriétaire la choisit avec soin. Elle est taillée, polie et coupée pour correspondre au mieux à l'usage personnel du berger. La houlette est un symbole de confort et de soin. Elle est preuve de la compassion que le berger a pour ses brebis.

Philippe Keller écrit :

> « Étant des créatures têtues, les brebis tombent souvent dans les dilemmes les plus ridicules et les plus absurdes. J'ai vu mes propres brebis, avides d'une bouchée de plus d'herbe verte, descendre des falaises abruptes où elles ont glissé et sont tombées dans la mer. Seul ma longue houlette de berger a pu les sortir de l'eau et les ramener vers la terre ferme. Un jour d'hiver, j'ai passé plusieurs heures à sauver une brebis qui avait précisément fait cela plusieurs fois auparavant. Son entêtement fut sa perte.
>
> Un autre phénomène courant était de trouver les brebis coincées dans des labyrinthes de rosiers sauvages ou de ronces où elles s'étaient avancées pour trouver quelques maigres bouchées d'herbe verte. Bientôt, les épines étaient tellement accrochées à leur toison qu'elles ne pouvaient plus s'en libérer, aussi fort qu'elles essayaient de s'en retirer. Seul l'usage d'une houlette pouvait les libérer de leur enchevêtrement.

C'est la même chose pour nous. Beaucoup de nos pétrins et impasses sont le résultat de notre propre fait. Par la ténacité, l'obstination et l'affirmation de soi, on s'emmêle dans des situations dont on ne peut plus s'enlever. Alors avec tendresse, compassion et soin, notre berger vient à nous. Il s'approche et par son Esprit, nous sort tendrement de la difficulté et du dilemme. Quelle patience Dieu a avec nous ! Quelle constance et quelle compassion ! Quel pardon !

Ta houlette me réconforte ! Ton Esprit, ô Christ est ma consolation !

1. **Le berger utilise la houlette pour ramener les brebis dans une relation intime.** Le berger utilise sa houlette pour soulever délicatement un agneau nouveau-né et l'apporter à sa mère s'ils sont séparés. Il fait cela parce qu'il ne veut pas que la brebis rejette son petit s'il porte l'odeur des mains du berger.

2. **Le berger utilise la houlette pour atteindre et attraper une brebis, jeune ou vieille, et l'attirer à lui pour l'examiner attentivement.** La houlette est très utile de cette façon pour les brebis timides et craintives qui ont normalement tendance à se tenir à distance du berger.

3. **Un berger utilise souvent sa houlette pour guider doucement ses brebis sur un nouveau chemin, pour passer une barrière ou le long de parcours dangereux et difficiles.** Il ne l'utilise pas pour battre les brebis. Plutôt, il pose délicatement le bout de la houlette contre les flancs de la brebis, et la pression qu'il applique guide la brebis là où le propriétaire veut qu'elle aille. Ceci rassure la brebis qu'elle est sur le bon chemin ».[9]

Chapitre 10

Ce que signifie pour la brebis, le fait d'avoir une table en présence de ses ennemis

C'est une réalité que nous vivons en présence de l'ennemi. Satan est notre ennemi et il cherche une position avantageuse, une occasion de nous frapper. Il est étrange de penser que chacun de vos mouvements est surveillé. À la maison, dans l'intimité de votre chambre, quand vous regardez la télévision, ces yeux mauvais sont sur vous. C'est le lot de toute personne vivant sur cette terre. Votre ennemi peut vous voir, mais vous ne pouvez pas le voir ! C'est le devoir du berger de veiller sur la vie même des brebis. Seul un bon berger vigilant peut sauver la vie des brebis.

Philippe Keller, un homme qui a appris l'art du berger par expérience, nous dit ceci :

> Une autre tâche que le berger attentif assume en été est de garder l'œil ouvert sur les prédateurs. Il cherche des signes et des traces de loups, de coyotes, de pumas et d'ours. S'ils font une descente sur le troupeau ou molestent les brebis, il doit les traquer ou s'efforcer de les piéger pour que ce troupeau puisse reposer en paix.
>
> *Souvent, ce qui se passe en fait est que ces animaux rusés sont en haut sur les rochers, où ils observent tous les mouvements des brebis, attendant l'occasion pour une attaque rapide et sournoise qui sèmera la panique parmi les brebis. Alors l'une des bêtes du troupeau deviendra une proie facile sous les dents et les griffes féroces de l'attaquant.*
>
> L'image ici est pleine de drame, d'action et de suspense… et de mort possible. Seule la vigilance du berger qui veille sur son troupeau sur le plateau en vue d'ennemis potentiels, peut empêcher les brebis de tomber en proie à l'attaque. Seule la préparation du berger à cette éventualité peut empêcher les brebis d'être abattues et paniquées par leurs prédateurs.

Nous avons là encore une image sublime de notre Sauveur qui connaît toutes les ruses, toutes les trahisons de notre ennemi Satan et de ses compagnons. Nous sommes toujours en danger d'être attaqués. L'Écriture y fait parfois référence comme à « un lion rugissant » qui cherche qui dévorer.

Il est assez en vogue dans certains milieux chrétiens contemporains de discréditer Satan. Il y a une tendance à essayer de l'ignorer ou à en rire comme s'il s'agissait juste d'une blague. Certains disent qu'un être tel que Satan n'existe pas. Et pourtant, nous voyons des preuves de ses attaques impitoyables et de son carnage dans la société où des hommes et des femmes deviennent chaque jour la proie de ses tactiques rusées. Nous voyons des vies brisées, gâchées et marquées par ses assauts, même si nous ne le verrons jamais en personne.

Cela me rappelle mes rencontres avec les pumas. À plusieurs reprises, ces créatures rusées vinrent au milieu de mes brebis de nuit, causant des ravages terribles dans le troupeau. Des brebis étaient tuées sur le coup, vidées de leur sang et le foie dévoré. D'autres étaient éventrées, gravement déchirées par leurs griffes. Dans ces cas-là, les grands félins semblaient leur courir après et jouer avec elles dans leur panique, comme un chat domestique court après une souris. Certaines avaient d'énormes morceaux de laine arrachés de leurs toisons. Dans leur débandade effrayée, certaines avaient trébuché et s'étaient brisées les os ou s'étaient précipitées sur un terrain accidenté où elles s'étaient blessées les pattes et le corps.

Pourtant, malgré les dégâts, malgré les brebis tuées, malgré les blessures et la peur instillée dans le troupeau, je n'ai jamais réellement vu un puma à ma portée. Leurs raids étaient si rusés et si habiles qu'ils défiaient toute décision.

Nous serions bien avisés de marcher en tout temps un peu plus proche du Christ. C'est un endroit sûr. C'était toujours les brebis éloignées, les vagabondes, les errantes qui étaient abattues par les prédateurs dans un moment sans méfiance. Généralement, les assaillants sont partis avant que le berger soit alerté par leurs cris appelant au secours. Certaines brebis, bien sûr, sont complètement muettes de peur sous l'attaque ; elles n'émettent même pas de bêlement plaintif avant que leur sang soit versé.

La même chose est vraie des chrétiens. Beaucoup d'entre nous traversons des difficultés profondes qui nous dépassent ; nous sommes frappés de mutisme avec appréhension, incapables même d'appeler ou de crier au secours ; nous ne faisons que nous effondrer sous l'attaque de notre adversaire.[10]

Chapitre 11

Pourquoi la brebis doit recevoir l'onction d'huile

...TU OINS MA TÊTE D'HUILE ; ma coupe déborde.

Psaume 23 :5

Les techniques du berger moderne démontrent également l'importance de recevoir l'onction. Le berger utilise l'huile d'onction pour frotter la brebis. L'huile d'onction éloigne les mouches et cicatrise les plaies. Les mouches évoquent les esprits du mal qui affligent les membres de nos d'église. Les blessures proviennent des expériences que les gens font dans cette vie.

Les gens ont désespérément besoin d'être libérés des démons qui les affligent, les accusent et les tentent sans cesse. Ils ont besoin d'être guéris des expériences amères de cette vie.

Seule l'onction de l'Esprit Saint peut faire cette œuvre dans nos cœurs. De façon étonnante, notre berger moderne révèle une fois encore comment l'onction est concrètement mise en œuvre pour Luttez contre les mouches et guérir les blessures des brebis.

1. **Comment l'onction d'huile repousse les mouches et autres insectes**

Dans la terminologie du berger, « l'été est la saison des mouches ». Il fait référence par là aux hordes d'insectes qui émergent avec l'arrivée du temps chaud. Seuls ceux qui ont gardé du bétail ou étudié les meurs de la faune sont conscients des problèmes graves que représentent pour les animaux les insectes en été.

Pour ne citer que quelques parasites qui dérangent les bêtes et rendent leur vie misérable : il y a les hypodermes, le piétin, les mouches des sabots, les œstres du nez, les tiques, les mouches noires, les moustiques, les moucherons et autres minuscules parasites ailés qui prolifèrent à cette période de année. Leurs attaques sur les animaux peuvent aisément transformer les mois dorés de l'été en période de torture pour les brebis et les rendre presque folles.

Les brebis sont particulièrement dérangées par les œstres, ou mouches du nez, comme on les appelle parfois. Ces petites mouches bourdonnent autour de la tête de la brebis, essayant de déposer leurs œufs sur les muqueuses humides du nez de la brebis. Si elles y parviennent, les œufs éclosent en quelques jours pour former de petites larves minces qui ressemblent à des vers. Elles remontent les voies nasales vers la tête de la brebis, elles creusent la chair et y causent une irritation intense accompagnée d'une inflammation grave.

Pour trouver un soulagement contre cet ennui atroce, la brebis se cogne délibérément la tête contre les arbres, les rochers, les poteaux ou les buissons. Elle se frotte la tête par terre et contre toute croissance boiseuse. Dans les cas extrêmes d'infestation grave, une brebis peut même se tuer dans un effort frénétique de trouver répit contre l'agacement. Souvent, un stade avancé de l'infection par ces mouches conduit à l'aveuglement.

En raison de tout cela, quand les œstres du nez volent autour du troupeau, certaines des brebis deviennent folles de peur et de panique dans leur tentative d'échapper à leurs persécuteurs. Elles tapent convulsivement des pattes et se précipitent ça et là dans les pâturages en essayant désespérément d'échapper aux mouches. Elles se cachent dans n'importe quel buisson ou broussaille qui puisse offrir un abri. Dans certaines occasions, elles peuvent refuser totalement de brouter en plein air.

Seulement la plus grande attention au comportement de la brebis par le berger peut éviter les difficultés de « la saison des mouches ». *Au premier signe de mouches dans le troupeau, il applique un antidote à leurs têtes : il enduit le nez et la tête de la brebis d'un remède composé d'huile de lin, de soufre et de goudron comme protection contre les œstres du nez.*

Quelle transformation incroyable cela créait chez les brebis ! Une fois que l'huile avait été appliquée sur la tête des brebis, il y avait un changement immédiat dans leur comportement. Finis l'agacement, la frénésie, l'irritabilité et l'agitation. Au lieu, les brebis broutaient à nouveau tranquillement, puis se couchaient bientôt, contentes et paisibles.

Tout comme pour les brebis, il faut une application continuelle et renouvelée de l'huile afin d'éviter les « mouches » dans ma vie ; il doit y avoir une onction continuelle de l'Esprit bienveillant de Dieu pour contrer l'agacement omniprésent des conflits de personnalité.

Une seule application d'huile, de soufre et de goudron n'était pas assez pour tout l'été. C'était un processus qui devait être répété. La nouvelle application était l'antidote efficace. C'est l'onction quotidienne de l'Esprit bienveillant de Dieu sur mon esprit qui produit dans ma vie des traits de personnalité tels que la joie, le contentement, l'amour, la patience, la douceur et la paix. Quel contraste avec la mauvaise humeur, la frustration et l'irritabilité qui entachent la conduite quotidienne de tant d'enfants de Dieu !

2. Comment l'onction d'huile guérit les plaies

L'été pour les brebis n'est pas seulement la saison des mouches. C'est aussi « la saison de la gale ». La gale est une maladie irritante et hautement contagieuse, fréquente chez les brebis du monde entier. Causée par un parasite microscopique qui prolifère par temps chaud, « la gale » se répand dans un troupeau par un contact direct entre les bêtes infectées et les bêtes non infectées. On trouve le plus souvent la gale autour de la tête. Les brebis aiment se frotter la tête les unes contre les autres de façon affectueuse et amicale. Quand deux brebis se frottent la tête, l'infection se propage facilement de l'une à l'autre.

Dans l'Ancien Testament, quand on déclare que les agneaux sacrificiels doivent être sans tache, la première idée que l'écrivain a en tête est que l'animal doit être exempt de gale. Dans un sens très réel et direct, la gale signifie la contamination du péché et du mal.

Comme avec les mouches, le seul antidote efficace consiste à appliquer de l'huile de lin, de soufre et d'autres produits chimiques pour Luttez contre cette maladie. En Palestine, le vieux remède contre cette maladie était l'huile d'olive mélangée de soufre et d'épices.

Dans beaucoup de pays faisant de l'élevage de brebis, on construit des bains et tout le troupeau est soumis au bain. Chaque bête est complètement immergée dans la solution jusqu'à ce que son corps tout entier soit imprégné. La partie la plus difficile est la tête. La tête doit être plongée à plusieurs reprises pour s'assurer que la gale y est empêchée. Certains bergers prennent grand soin à traiter la tête à la main.[11]

Chapitre 12

Pourquoi la brebis a besoin que la coupe du berger déborde

...tu oins ma tête d'huile ; MA COUPE DÉBORDE.

Psaume 23 :5

Je ne savais pas qu'un berger a littéralement une coupe jusqu'à ce que je l'apprenne d'un vrai berger qui portait une bouteille contenant un mélange d'eau-de-vie et d'eau. Ce mélange d'eau-de-vie et d'eau du berger débordait de bienfait de guérison et de rétablissement pour les brebis frigorifiées tourmentées par d'extrêmes conditions météorologiques. La coupe débordante du berger était une coupe vivifiante pour les brebis. En vérité, le sang de notre Seigneur Jésus déborda pour apporter le salut et la guérison au monde entier. La coupe de tout pasteur doit déborder pour apporter la vie et la guérison aux brebis dans le besoin. Phillip Keller, berger expérimenté, nous raconte comment il s'occupait concrètement des brebis avec sa « coupe débordante ».

Il dit :

> Des blizzards peuvent souffler ou des tempêtes de grêle soudain ensevelir les collines. Le troupeau et leur propriétaire peuvent passer ensemble à travers des souffrances épouvantables.
>
> C'est ici que je saisis un tout autre aspect de la signification d'une coupe qui déborde. Il y a dans toute vie une coupe de souffrance. Jésus Christ fait référence à Son agonie au jardin de Gethsémane et du Calvaire comme à Sa coupe. Et si elle n'avait pas débordé avec Sa vie versée pour les hommes, nous aurions péri.
>
> Lorsque je gardais mes brebis, je portais une bouteille dans ma poche contenant un mélange d'eau-de-vie et d'eau. Chaque fois qu'une brebis ou un agneau était frigorifié à cause d'une exposition excessive au temps humide et froid, j'en versais quelques cuillerées dans sa gorge. En quelques minutes, la bête

frigorifiée était sur ses pattes et pleine d'énergie nouvelle. C'était particulièrement mignon de voir la façon dont les agneaux agissaient la queue avec joie et enthousiasme quand la chaleur de l'alcool se propageait dans leur corps.

L'essentiel pour moi était d'être là à temps, de trouver la brebis frigorifiée avant qu'il ne soit trop tard. Je devais être dans la tempête avec elles, à l'affût pour toute bête en détresse. Certains de mes souvenirs les plus vifs du temps où je gardais les brebis sont liés aux tempêtes terribles par lesquelles mon troupeau et moi-même sommes passés.

Je revois encore les bords gris noirs des nuages orageux venant du large de la mer avec violence, je revois le grésil, la grêle et la neige qui balayaient les collines, je revois les brebis se précipitant pour trouver de l'abri dans les grands arbres, je les revois debout, trempées, frigorifiées et abattues. Les jeunes agneaux surtout passaient par une misère effroyable n'ayant pas l'avantage d'une toison pleine et lourde pour les protéger. Certains succombaient et se couchaient dans la détresse, ce qui leur causait encore plus d'engourdissement et de froid. C'est alors que mon mélange d'eau-de-vie et d'eau venait à leur secours. Je suis sûr que les bergers de Palestine ont également partagé leur vin avec leurs brebis frigorifiées et gelées.

Quelle image de mon Maître, partageant son vin, le sang vivifiant de Sa propre souffrance venant de Sa coupe débordante répandue au Calvaire pour moi ! Il est là avec moi dans toutes les tempêtes. Mon Berger est attentif à chaque catastrophe imminente qui menace Son peuple. Il est passé à travers les orages de la souffrance. Il a porté nos souffrances et a connu notre peine.[12]

Chapitre 13

Pourquoi la brebis doit demeurer dans la maison du berger

...et JE DEMEURERAI DANS LA MAISON DU SEIGNEUR pour toujours.

Psaume 23 :6

Demeurer dans la maison du Seigneur évoque la vie sous la garde du Seigneur, où que ce soit. Que ce soit dans les montagnes ou les vallées, une fois que nous sommes sous la protection de notre gardien, nous sommes dans la maison du Seigneur.

Il y a une différence entre les brebis gardées par un bon berger et celles qui sont gardées par un berger méchant et indifférent. Philippe Keller donne une illustration vivante de cette réalité à partir de ses propres expériences de berger.

> « Je ne pouvez jamais méditer sur cette dernière phrase de ce Psaume sans qu'il me viennent à la mémoire des scènes vivantes de certains premiers jours de ma première bergerie.
>
> Avec l'arrivée de l'hiver, de ses pluies froides et de ses vents glaciaux, les brebis malades de mon voisin se blottissaient contre la clôture, le derrière dans la tempête, face aux riches champs dans lesquels mon troupeau prospérait.
>
> *Ces pauvres bêtes, maltraitées et négligées par un éleveur sans cœur, n'avaient connu que la souffrance la plupart de l'année. Elles avaient été tenaillées par la faim tout l'été. Elles étaient maigres et malades, souffrant de maladies, de la gale et de parasites. Tourmentées par les mouches et attaquées par des prédateurs, certaines étaient si faibles, si maigres et misérables que leurs maigres pattes pouvaient à peine supporter leurs frêles carcasses.*

Elles semblaient toujours avoir sous les yeux le maigre et faible espoir que peut-être, avec un peu de chance, elles pourraient franchir la barrière ou passer par un trou pour se libérer. Cela arrivait parfois, surtout autour de Noël.

C'était l'époque des marées extrêmes, lorsque la mer se retirait loin au-delà des lignes de clôture qui s'étendaient vers elle. Les brebis du voisin, émaciées, mécontentes et affamées, attendaient que cela se produise.

Puis à la première occasion, elles descendaient vers les terrains bas, se glissaient au bout de la clôture et se faufilaient dans mes champs pour s'y gaver de notre riche herbe verte.

Leur condition était si pitoyable et pathétique que leur festin subit d'alimentation luxuriante, auquel elles n'étaient pas habituées, se révélait souvent désastreux. Leur système digestif se mettait à regimber et cela conduisait parfois à la mort.

Je me rappelle clairement avoir trouvé trois des brebis de mon voisin, gisant sans défense sous un sapin près de la clôture, par un jour pluvieux. Elles ressemblaient à trois sacs trempés, vieux, mous et gris, effondrés en un tas. Même leurs pattes maigres ne pouvaient plus les supporter.

Je les mis sur une brouette et les ramenai à leur propriétaire sans cœur. Il sortit simplement un couteau bien aiguisé et égorgea les trois brebis. Il s'en fichait. Quelle image de Satan, propriétaire de tant de personnes !

À cet instant, le vivant récit où Jésus se dépeint Lui-même comme étant la porte et l'entrée par laquelle les brebis doivent entrer dans Sa bergerie, me traversa l'esprit. Ces pauvres brebis n'étaient pas entrées dans ma bergerie par la bonne porte. Je ne les avais jamais laissées entrer. Elles n'avaient jamais vraiment été miennes. Elles n'étaient ni ma propriété ni l'objet de mes soins. Si elles l'avaient été, elles n'auraient pas autant souffert.

C'est la même chose pour ceux qui sont séparés du Christ.

Le vieux monde est une misérable bergerie et Satan est un propriétaire sans cœur. Il ne se soucie absolument pas des âmes des hommes ni de leur bien-être. Sous sa tyrannie, il y a des centaines de cœurs affamés et mécontents qui aspirent à entrer dans la maison de Dieu - qui ont très envie de faire l'objet de Son attention et de Ses soins.[13]

Chapitre 14

Ce que veut dire pour la brebis de ne pas avoir de berger

1. **DÉSŒUVREMENT : Les gens sont sans but et sans direction quand il n'y a pas de berger pour les faire sortir et les faire entrer.**

   Et Moïse parla au SEIGNEUR, disant : Que le SEIGNEUR, le Dieu des esprits de toute chair, établisse sur la congrégation un homme, Qui sorte devant eux et entre devant eux, et QUI LES FASSE SORTIR ET QUI LES FASSE ENTRER, AFIN QUE LA CONGRÉGATION DU SEIGNEUR NE SOIT PAS COMME DES BREBIS QUI N'ONT PAS DE BERGER.

   Nombres 27 :15-17

2. **DIVISION : Les gens sont divisés et sans famille quand il n'y a pas de berger.**

   Et il dit : J'AI VU TOUT ISRAËL DISPERSÉ SUR LES COLLINES, COMME DES BREBIS QUI N'ONT PAS DE BERGER ; et le SEIGNEUR a dit : Ceux-ci n'ont pas de maître ; qu'ils retournent chacun à sa maison en paix.

   1 Roi 22 :17

3. **FAIBLESSE ET MALADIE : Les gens sont malades et affaiblis sans berger.**

   VOUS N'AVEZ PAS FORTIFIÉ LES AFFAIBLIES, VOUS N'AVEZ PAS NON PLUS GUÉRI LES MALADES, ni bandé celle qui était blessée ; vous n'avez pas non plus ramené celle qui était chassée, et vous n'avez pas cherché celle qui était perdue ; mais vous les avez dominées avec force et cruauté. Et elles ont été dispersées parce qu'il n'y avait pas de pasteur, et elles sont devenues la nourriture de toutes les bêtes des champs, lorsqu'elles ont été dispersées. Mes brebis ont été errantes sur toutes les montagnes et sur chaque haute colline ; oui, mon troupeau a été dispersé sur toute la surface de la terre, et il n'y a eu personne qui les recherchât, ou qui s'en enquît.

Ezéchiel 34 :4-6

4. **PROBLÈMES NON RÉSOLUS : Les gens ont beaucoup de problèmes non résolus lorsqu'il n'y a pas de berger.**

Car les idoles ont parlé de vanité, et les devins ont vu le mensonge, et ont proféré des songes trompeurs, ils consolent en vain c'est pourquoi ils s'en sont allés comme des brebis ; ILS ÉTAIENT ABATTES PARCE QU'IL N'Y AVAIT PAS DE BERGER.

Zacharie 10 :2

5. **DESTRUCTION DES JEUNES : Les petits et les jeunes sont les plus touchés par l'absence de berger.**

Réveille-toi, ô épée, contre mon pasteur, contre l'homme qui est mon compagnon, dit le SEIGNEUR des armées ; frappe le pasteur, et les brebis seront dispersées ; ET JE TOURNERAI MA MAIN SUR LES PETITS.

Zacharie 13 :7

6. **ABSENCE ET PÉNURIE : les besoins des gens ne sont pas satisfaits quand il n'y a pas de berger.**

Le Seigneur est mon berger ; JE NE MANQUERAI DE RIEN.

Psaume 23 :1

7. **S'ÉGARER DE LA VOIE : Les brebis ont besoin de direction pour rester sur la voie de la prospérité et de la bénédiction de leur vie. Elles reçoivent beaucoup d'orientation pour leur vie grâce aux bergers.**

Vous avez conduit votre peuple comme un troupeau, par la main de Moïse et d'Aaron.

Psaume 77 :20

Prête l'oreille, ô Berger d'Israël, toi qui conduis Joseph comme un troupeau, toi qui demeures entre les chérubins, fais reluire ta splendeur.

Psaume 80 :1

Chapitre 15

Les maladies de berger qui sont des maladies de brebis

Il y a des risques professionnels dans chaque domaine d'activité. Dans les hôpitaux, les médecins attrapent souvent les maladies de leurs patients. Parfois, le médecin meurt même des maladies des patients. De même, de nombreux bergers attrapent les maladies des brebis. Parfois, les bergers souffrent de diverses maladies plus graves des brebis.

C'est parce que les « bergers » sont aussi des « brebis ». Tout pasteur « berger » est sous la souveraineté et la direction de Jésus Christ, le berger en chef. C'est ce qui fait des bergers aussi des brebis.

La plupart des bergers et des pasteurs sont en général soumis à la direction d'autres ministres. Parce qu'ils doivent se soumettre et suivre. Les bergers souffrent des mêmes problèmes que les brebis. Comme je l'ai déjà dit, certains bergers ont des « maladies de brebis » encore plus graves que les brebis elles-mêmes.

Sept maladies de berger qui proviennent des maladies de brebis

1. La lassitude

Mais quand Il vit la multitude, Il fut ému de compassion envers eux, parce qu'ils étaient LASSÉS et dispersés, comme des brebis qui n'ont pas de berger.

Matthieu 9 :36

La lassitude est l'une des maladies de la brebis. La lassitude est également une maladie de bergers. L'une des stratégies du diable est de lasser les saints et de les épuiser. « Et il prononcera de grandes paroles contre le Très-Haut, ET ÉPUISERA LES

SAINTS du Très-Haut, et pensera à changer les temps et les lois ; et ils seront livrés en sa main jusqu'au temps, des temps et une moitié de temps » (Daniel 7. 25).

2. Le désœuvrement

Le désœuvrement est une maladie de brebis sans leur berger. Les bergers peuvent également devenir désœuvrés, car ils ne suivent plus la direction du berger en chef. Beaucoup de pasteurs perdent de vue le grand pasteur et se mettent à suivre les idées des hommes. C'est pourquoi on trouve des pasteurs dans la politique, les affaires, le travail social et d'autres entreprises agréables aux hommes. Il est important à la fois pour les bergers et les brebis de suivre la voix du Seigneur. Puissiez-vous être délivré du désœuvrement !

Quand Il vit la multitude, Il fut ému de compassion envers eux, parce qu'ils étaient las et DÉSŒUVRÉS, comme des brebis qui n'ont pas de berger.

Matthieu 9 : 36

Où il n'y a pas de vision, le peuple périt ; mais celui qui garde la loi, heureux est-il.

Proverbe 29 :18

3. L'abattement

À la vue des foules, il en eut compassion, car elles étaient lassées et ABATTUES comme des brebis qui n'ont pas de bergers.

Matthieu 9 :36

Beaucoup de brebis sont épuisées et ne sont plus en mesure de marcher. On doit parfois les porter et on doit parfois les égorger. Dans notre contexte, l'abattement se produit quand le berger quitte le ministère : il est épuisé ou il cesse le travail du ministère.

L'Écriture montre clairement que les brebis sont épuisées parce qu'elles n'ont pas de berger. Chercher la face du Seigneur vous fortifiera, et vous ne serez pas épuisé. La présence et l'influence d'un berger dans votre vie est la seule chose qui peut vous empêcher d'être épuisé.

4. La dispersion

À la vue des foules, il en eut compassion, car elles étaient abattues et DISPERSÉES, comme des brebis qui n'ont pas de bergers.

Matthieu 9 :36

De nombreuses brebis sont dispersées parce qu'elles n'ont pas de berger. Les bergers sont également dispersés et n'appartiennent à aucune famille ou groupe. Si vous êtes conduit par l'Esprit Saint, vous finirez par entendre Dieu vous dire de faire partie d'un groupe plus grand. Même si vous vous êtes un ministre indépendant, il vous sera immensément bénéfique d'appartenir à d'autres groupes et associations. Je jouis de certaines des plus grandes bénédictions de mon ministère parce que je suis intimement lié à d'autres groupes spirituels.

5. La détresse

À la vue des foules, il en eut compassion, car elles étaient EN DÉTRESSE et découragées, comme des brebis qui n'ont pas de bergers.

Matthieu 9 :36

Toutes les situations de détresse surviennent dans la vie des serviteurs de Dieu. Le fait d'être pasteur ne vous protège pas de ces réalités. Toutefois, le fait d'avoir un berger dans votre vie vous aidera certainement dans les temps de détresse de votre ministère. David fut en détresse à plusieurs reprises. Il lui arriva d'être encerclé par ses ennemis. Il fut en état de danger critique à plusieurs reprises.

Il s'écria :

Ils m'avaient encerclé, oui, ils m'avaient encerclé ; mais au nom du SEIGNEUR je les détruirai. ILS M'AVAIENT ENCERCLÉ COMME DES ABEILLES ;

ils seront éteints comme un feu d'épines ; car au nom du SEIGNEUR je les détruirai.

Psaume 118 :11-12

Mais dans sa détresse, il fit appel à son berger. Le Seigneur était son berger et le Seigneur l'a aidé.

J'AI APPELÉ LE SEIGNEUR DANS MA DÉTRESSE ; et le SEIGNEUR m'a répondu, et m'a mis au large. Le SEIGNEUR est pour moi, je ne craindrai pas ;

Psaume 118 :5-6

6. La confusion

Alors que vous avancerez dans le ministère, la confusion deviendra l'un de vos ennemis dangereux. Pendant les périodes de confusion, vous vous demanderez : « Est-ce juste ou est-ce mal ? » Quand vous serez affecté par l'esprit de confusion, vous serez aux prises avec ce que j'appelle des « zones grises ». Vous luttez avec des questions qui ne sont pas clairement énoncées dans la Bible. Vous ne serez pas sûr de vous et vous aurez besoin d'une grande foi pour continuer. Vous deviendrez comme les anciens patriarches qui n'avaient pas de bibles pour les guider et qui ont dû marcher dans la foi en ce qu'ils croyaient avoir reçu de Dieu.

En vérité, dans de tels moments de confusion, la direction d'un berger serait la chose la plus apaisante et la plus rassurante que vous pourrez avoir. Vous ne comprendrez de quoi je parle que lorsque vous arriverez à cette étape.

À la vue des foules, il en eut compassion, car elles étaient CONFUSES et désœuvrées, comme des brebis qui n'ont pas de bergers.

Matthieu 9 :36

Votre confusion est perpétuée par votre séparation d'avec votre pasteur. Parce qu'Israël a péché, ils étaient perpétuellement séparés du Seigneur et cela créait encore plus de confusion pour eux. Daniel dit : « à nous appartient la honte du visage, parce que nous avons péché ».

> **À toi, ô Seigneur, appartient la droiture, mais À NOUS LA HONTE DE NOS VISAGES, comme aujourd'hui, aux hommes de Judée, aux habitants de Jérusalem et à tout Israël, à ceux qui sont près et à ceux qui sont loin, dans tous les pays où vous les as chassés, à cause de leurs offenses qu'ils ont commises contre toi.**
>
> **Ô Seigneur, à nous appartient la honte du visage, à nos rois, à nos princes et à nos pères, parce que nous avons péché contre toi.**
>
> **Daniel 9 :7-8**

Approchez-vous du Seigneur et de votre berger. Cela vous délivrerez de l'esprit de confusion dans votre ministère. Un jour, votre berger vous donnera un aperçu de la façon dont il a surmonté le même problème que vous avez aujourd'hui. Vous serez encouragé par le fait que votre berger a eu le même problème que vous avez maintenant. Vous recevrez alors la lumière et la sagesse pour savoir comment surmonter le problème.

Chapitre 16

Pourquoi les brebis tombent malades

1. Les brebis tombent malades parce qu'elles ne reçoivent pas la seigneurie (la propriété) de leur berger.

La phrase « Le Seigneur est mon berger » est une révélation profonde sur la façon dont un berger possède réellement les brebis. La seigneurie d'un berger révèle la propriété absolue que le berger a sur ses brebis. En raison de cette propriété forte, il est capable de diriger, de guider et de rétablir ses brebis. Il accorde de nombreux avantages aux brebis parce qu'elles sont proprement siennes.

Sur chaque ferme et dans chaque pays, chaque brebis ou vache appartient réellement à quelqu'un. Cette personne est le propriétaire et berger en chef des brebis.

> Le Seigneur est mon (*propriétaire*) berger : je ne manquerai de rien. Il me fait reposer dans de verts pâturages ; il me CONDUIT près des eaux tranquilles.
>
> Il RESTAURE MON ÂME : il me conduit (*guide*) dans les sentiers de droiture, à cause de son nom.
>
> Oui, même si je marche par la vallée de l'ombre de la mort, je NE CRAINDRAI AUCUN MAL (*découragement*) : car tu es avec moi ; ton bâton et ta houlette me RÉCONFORTENT.
>
> Tu PRÉPARES UNE TABLE devant moi, en présence de mes ennemis; TU OINS ma tête d'huile ; ma coupe déborde (*approvisionnement en abondance*). Assurément la bonté et la miséricorde me suivront tous les jours de ma vie, et je demeurerai dans la maison du Seigneur (*mon berger*) POUR TOUJOURS (*permanence*).
>
> Psaume 23

Malheureusement, certaines brebis ne reçoivent pas la seigneurie du berger sur leur vie. Cela les sépare du pouvoir et de l'amour du berger. Elles se sont, par inadvertance, « tiré une balle dans le pied » en se déconnectant de leur puissant protecteur. Dans le ministère, ceux qui laissent leur berger s'atrophient tout simplement et tombent dans l'obscurité.

Comment savoir quand une brebis ne reçoit pas la seigneurie de son berger

a. Les brebis qui n'écoutent pas les messages de leur pasteur ne reçoivent pas la seigneurie de leur berger.

b. Les brebis qui ne lisent pas les livres écrits par leurs pasteurs ne reçoivent pas la seigneurie de leur berger. Elles ne reçoivent pas non plus de bénédiction par ces écrits. Elles le savent déjà et ne sont donc pas sous la seigneurie de leur berger.

c. Les brebis qui n'honorent pas leurs pasteurs d'après « Galates 6 :6 » nient la seigneurie de leurs bergers sur elles. Pourquoi devraient-elles honorer quelqu'un qu'elles ne considèrent pas comme leur enseignant ou leur guide ?

d. Les brebis déclarent leur indépendance de leur berger en n'assistant pas aux rassemblements et réunions importants. Par leur absence aux réunions, les brebis déclarent : « Je suis aussi grande que toi et je n'ai pas besoin de venir à tes réunions. En vérité, en vérité, je vous dis : Le serviteur n'est pas plus grand que son seigneur, ni l'envoyé plus grand que celui qui l'a envoyé » (Jean 13 :16).

2. **Les brebis tombent malades parce qu'elles ne reçoivent pas leur nourriture de leur berger. Les bergers tombent malades parce qu'ils ne reçoivent rien de leur berger en chef.**

Il lui dit une seconde fois : Simon, fils de Jonas, m'aimes-tu ? Il lui répondit : Oui, Seigneur, tu sais que je t'aime. Il lui dit : Nourris mes brebis.

Jean 21 :26

3. **Les brebis tombent malades parce qu'elles ne reçoivent pas constamment la connaissance et l'intelligence de leur berger.**

Et je vous donnerai des pasteurs selon mon cœur, qui vous nourriront avec connaissance et intelligence.

Jérémie 3 :15

4. **Les brebis tombent malades parce qu'elles ne suivent pas leur propre berger. Bon nombre de ces personnes suivent un millier de personnes différentes, mais elles n'ont pas de berger particulier à suivre.**

Je n'écris pas ces choses pour vous faire honte ; mais je vous avertis comme mes fils bien-aimés. Car même si vous aviez dix mille instructeurs en Christ, vous n'avez cependant pas beaucoup de pères; car en Christ Jésus JE VOUS AI ENGENDRÉS à travers l'évangile. Je vous en supplie donc, DE SUIVRE MON EXEMPLE.

1 Corinthiens 4 :14-16

Seconde partie

LE BERGER

Chapitre 17

Les trois buts du berger

1. ***Tout berger doit désirer devenir un BON berger.***

Je suis le bon berger ; le BON BERGER donne sa vie pour les brebis.

Jean 10 :11

a. Vous êtes un *bon berger* quand votre façon d'être berger ressemble à celle du Christ.

b. Vous êtes un *bon berger* quand votre façon d'être berger ressemble à celle du Christ et quand vos fruits sont les mêmes que les Siens.

2. ***Tout berger doit désirer devenir un GRAND berger (pasteur).***

Or le Dieu de paix, qui a ramené d'entre les morts notre Seigneur Jésus, le GRAND PASTEUR des brebis, par le sang de l'alliance éternelle

Hébreux 13 :20

a. Vous êtes un *grand berger* quand vous avez acquis beaucoup de connaissances et de compétences de berger.

b. Vous êtes un *grand berger* quand vous avez un grand nombre de bergers sous votre garde.

c. Vous êtes un *grand berger* quand vous avez exercé la garde des brebis avec succès pendant de nombreuses années.

3. ***Tout berger doit désirer devenir berger en CHEF.***

Et lorsque le BERGER EN CHEF apparaîtra, vous recevrez une couronne de gloire qui ne peut flétrir.

1 Pierre 5 :4

a. Vous devenez *berger en chef* quand vous avez d'autres bergers sous vous. Être berger en chef est la même chose qu'être le chef d'autres pasteurs

Chapitre 18

Comment identifier les bergers qui n'entrent pas par la porte

En vérité, en vérité, je vous dis : Celui qui N'ENTRE PAS PAR LA PORTE dans le parc à brebis, mais qui y monte par un quelque autre chemin, celui-là est un voleur et un brigand.

Jean 10 : 1

1. L'entrée dans le ministère doit se faire par l'appel de Dieu. La porte du ministère est l'appel de Dieu.

Et nul ne s'attribue cet honneur, mais CELUI QUI EST APPELÉ DE DIEU, comme l'a été Aaron.

Hébreux 5 :4

Si vous n'avez pas d'appel divin, vous ne devez pas être dans le ministère. Vous devez avoir la conviction personnelle d'un appel qui vous met à part pour le ministère.

Votre appel au ministère est le fondement de votre ministère. Il définit tout ce que vous ferez dans le ministère.

2. La porte du ministère est différente de la porte d'autres professions.

Votre entrée dans la profession médicale se fait par un diplôme d'une école de médecine. L'entrée dans les professions juridiques se fait par un diplôme d'une école de droit. L'entrée dans la profession de comptable se fait par l'obtention d'un certificat en comptabilité. Toutefois, l'entrée dans le ministère *ne se fait pas* par l'acquisition d'un certificat d'une école, pas même d'une école biblique. L'entrée dans le ministère se fait en recevant et en obéissant à un appel divin.

3. Ceux qui n'entrent pas dans le ministère par un appel ont le même effet sur le ministère que les voleurs et les brigands.

En vérité, en vérité, je vous dis : Celui qui N'ENTRE PAS PAR LA PORTE dans le parc à brebis, mais qui y monte par un quelque autre chemin, celui-là est un voleur et un brigand.

Jean 10 :1

Imaginez une foule de gens qui ne sont pas médecins, mais qui se font passer pour médecins. Imaginez avoir des pharmaciens sans diplôme qui donnent les mauvais médicaments. Vous n'aurez pas tort d'appeler ces personnes des voleurs, des brigands ou des assassins. Imaginez avoir pour président quelqu'un qui n'a pas vraiment remporté l'élection. Tout le monde l'appellerait un voleur et un brigand, et c'est bien ce qu'il est parce qu'il a « volé » l'élection.

Dès que quelqu'un essaie d'être ministre sans avoir un appel authentique, il ressemble à un voleur et à un brigand. Il a pris une position qui ne lui appartient pas, et c'est ce qui fait de lui un voleur. C'est la présence de telles personnes dans le ministère qui génère tant de confusion pour les spectateurs. C'est possible qu'un grand pourcentage de personnes qui sont de révérends ministres n'aient jamais été appelés au ministère. En effet, les vrais pasteurs, les pasteurs authentiques, les voleurs et les brigands se tiennent côte à côte dans le ministère et portent le même col d'ecclésiastique. Pitié !

4. Identifier ceux qui entrent dans le ministère parce qu'ils sont très célèbres dans la société laïque.

Le fait que vous soyez une personne importante dans la société ne veut pas dire que vous devez être important dans l'église. Votre importance laïque ne veut pas dire que vous pouvez exercer l'autorité ou la direction dans un cadre d'église. Aussi, le fait que vos parents soient pasteurs ne veut pas dire que vous ayez l'autorité dans l'Église. La direction dans l'église se reçoit par l'appel de Dieu.

Or Korah, le fils de Izhar, le fils de Kohath, le fils de Lévi, et Dathan et Abiram, les fils d'Éliab, et On, le fils de Peleth, fils de Ruben, prit des hommes ;

Et ils s'élevèrent contre Moïse, avec certains des enfants d'Israël, deux cent cinquante princes de l'assemblée, CÉLÈBRES DANS LA CONGRÉGATION, DES HOMMES DE RENOM.

Et ils se groupèrent ensemble contre Moïse et contre Aaron, et leur dirent : C'est trop pour vous, puisque tous ceux de toute la congrégation sont saints, et le SEIGNEUR est au milieu d'eux; pourquoi donc vous élevez-vous au-dessus de la congrégation du SEIGNEUR ?

Nombres 16 : 1-3

5. Identifier ceux qui entrent dans le ministère parce qu'ils sont poussés par le peuple.

Saül était entré en scène parce que les gens voulaient un roi. Vous ne devez pas entrer dans le ministère parce que les gens veulent que vous le fassiez. Vous devez entrer dans le ministère parce que Dieu vous a appelé. La voix du peuple *n'est pas* la voix de Dieu ! La voix de la majorité *n'est pas* la voix de Dieu ! Ne faites pas l'erreur de transposer les valeurs séculières dans le monde de l'église.

Et ils lui dirent : Voici, tu es âgé, et tes fils ne marchent pas selon tes chemins ; maintenant, établis sur nous un roi pour nous juger, comme en ont toutes les nations.

Et la chose déplut à Samuel, quand ils avaient dit : Donne-nous un roi pour nous juger. Et Samuel pria le SEIGNEUR.

Et le SEIGNEUR dit à Samuel : Obéis à LA VOIX DU PEUPLE, en tout ce qu'ils te diront ; car ce n'est pas toi qu'ils ont rejeté, mais c'est moi qu'ils ont rejeté, afin que je ne règne pas sur eux.

1 Samuel 8 :5-7

6. Identifier ceux qui entrent dans le ministère par l'entremise d'un soulèvement populaire.

Ces gens gagnent leur autorité en remettant en question les dirigeants qui sont en place. Ils remettent en question tout ce qui est fait et sèment le doute et la suspicion.

> **Or Korah, le fils de Izhar, le fils de Kohath, le fils de Lévi, et Dathan et Abiram, les fils d'Éliab, et On, le fils de Peleth, fils de Ruben, prit des hommes ;**
>
> **Et ils s'élevèrent contre Moïse, avec certains des enfants d'Israël, deux cent cinquante princes de l'assemblée, célèbres dans la congrégation, des hommes de renom.**
>
> **ET ILS SE GROUPÈRENT ENSEMBLE CONTRE MOÏSE et contre Aaron, et leur dirent : C'est trop pour vous, puisque tous ceux de toute la congrégation sont saints, et le SEIGNEUR est au milieu d'eux ; pourquoi donc vous élevez-vous au-dessus de la congrégation du SEIGNEUR ?**
>
> **Nombres 16 :1-3**

Beaucoup de pasteurs entrent dans le ministère par la rébellion. Après un soulèvement populaire contre les dirigeants en place, un pasteur émerge habituellement et commence son propre ministère. Ces gens-là sont comme Korah, qui eut accès au ministère public en combattant les dirigeants qui étaient en place. Ces gens n'ont aucun fondement dans le ministère et sont voués à l'échec. Leur fin sera comme la fin de Korah ! Ils finiront par être détruits ! Ils ne pourront pas maintenir leur position de leader, parce qu'ils sont entrés dans le ministère de la mauvaise façon. Luttez contre les dirigeants en place est la mauvaise façon d'entrer dans le ministère.

J'ai observé certains pasteurs s'acheminer dans le ministère en luttant contre moi. Ils m'ont critiqué et ont empoisonné l'esprit de membres innocents contre mon leadership. Par ce genre de propagande, ils se sont fait des disciples et ont commencé leurs propres ministères.

Mais que peut faire un homme s'il n'a pas de fondement ? Ce n'est qu'un fou qui bâtit sa maison sur le sable de la critique, de la médisance et de la calomnie ! Vous devez construire votre maison sur le roc. Le roc est la Parole de Dieu ! Le roc est l'appel de Dieu ! Tous ceux qui construisent leur maison sur le sable verront leurs maisons s'écrouler sur eux-mêmes.

7. Identifier ceux qui entrent dans le ministère sans apprécier le grand privilège qui leur est offert de servir dans la maison du Seigneur.

Ces gens sont présomptueux et tiennent pour acquises les structures de leadership et d'autorité qui sont en place. Ils sortent du rang et parlent de choses qui ne les concernent pas. La définition de la présomption est « l'arrogante supposition de privilège » ! Les gens sont présomptueux quand ils sentent que l'appel de Dieu n'est « pas grand chose » et qu'être pasteur n'est vraiment rien de spécial. Ces gens ne voient pas de barrières entre eux et le leadership de l'église. *Ils disent dans leur cœur : « Je peux être ce que tu es » ou, « je peux faire ce que tu fais ».* Ces gens-là veulent être appelés « révérend ministre » et ils déclarent leur égalité avec tous les autres révérends ministres. C'est de la présomption ; c'est une caractéristique dangereuse qui pousse les gens à s'engager erronément dans des choses auxquelles ils ne sont pas appelés.

> **Et Moïse dit à Korah : Écoutez, vos fils de Lévi. SEMBLE-IL PEU DE CHOSE POUR VOUS, QUE LE DIEU D'ISRAËL VOUS AIT SÉPARÉS DE LA CONGRÉGATION D'ISRAËL, pour vous faire approcher de lui, afin de faire le service du tabernacle du SEIGNEUR, et pour vous tenir devant la congrégation, afin de la servir ?**
>
> **Et qu'il t'a fait approcher de lui, ainsi que tous tes frères, les fils de Lévi avec toi, et que vous recherchiez aussi la prêtrise ?**
>
> **Nombres 16 :8-10**

8. Identifier ceux qui entrent dans le ministère en s'appuyant sur les sentiments créés par le murmure de la congrégation.

Les gens immatures et sans expérience gagnent de l'assurance par le murmure. Ils pensent que parce que beaucoup de gens murmurent, ce doit être quelque chose de bien. Cela paraît bien et cela génère des sentiments d'autosatisfaction, mais en vérité ce n'est pas bien. Ne permettez pas aux discussions à voix basse et au murmure général de vous donner une mauvaise assurance en quoi que ce soit. La Parole de Dieu et l'appel de Dieu sont les seules raisons pour lesquelles vous devez faire quelque chose. La Parole de Dieu est un roc. Le murmure des gens, c'est du sable. Ne construisez pas votre maison sur le sable ! Construisez votre maison sur le roc !

> **Or Korah, le fils de Izhar, le fils de Kohath, le fils de Levi Lévi) et Dathan et Abiram, les fils d'Éliab, et On, le fils de Peleth, fils de Ruben, PRIT DES HOMMES ;**
>
> **ET ILS S'ÉLEVÈRENT CONTRE MOÏSE, avec certains des enfants d'Israël, deux cent cinquante princes de l'assemblée, célèbres dans la congrégation, des hommes de renom.**
>
> **Et ils se groupèrent ensemble contre Moïse et contre Aaron…**
>
> **Nombres 16 :1-3a**

9. Identifier ceux qui entrent dans le ministère en comptant sur la réputation et la célébrité de personnes rebelles qu'ils ont recrutées.

Malheureusement, les gens sont impressionnés par les apparences extérieures de richesse et d'autorité. Ils pensent que l'emphase et l'importance donnent assez de poids au travail du ministère. Les comportements de gros bonnet, les voitures coûteuses, de dépenser beaucoup d'argent et d'impressionner les autres ne remplacent pas l'appel de Dieu ! Les gens rebelles, à qui manque fatalement la grâce de Dieu, comptent sur de telles choses pour stimuler leur assurance alors qu'ils s'avancent dans des terrains qui ne les regardent pas.

Or Korah, le fils de Izhar, le fils de Kohath, le fils de Lévi, et Dathan et Abiram, les fils d'Éliab, et On, le fils de Peleth, fils de Ruben, prit des hommes ;

Et ils s'élevèrent contre Moïse, avec certains des enfants d'Israël, deux cent cinquante princes de l'assemblée, CÉLÈBRES DANS LA CONGRÉGATION, DES HOMMES DE RENOM.

Et ils se groupèrent ensemble contre Moïse et contre Aaron...

Nombres 16 :1-3a

10. Identifier ceux qui entrent dans le ministère et prophétisent même si elles n'ont pas été envoyés.

Certains entrent dans le ministère parce qu'ils n'ont pas d'autres choix. Dieu ne leur a pas parlé, et pourtant ils ont couru ! Dieu ne les a pas envoyés, et pourtant ils sont venus ! Ils considèrent le ministère comme une possibilité de bonne carrière !

Un jour, j'ai entendu un ministre à la télévision dire qu'il était entré dans le ministère parce qu'il n'était pas bon en chimie, histoire, mathématiques, biologie ou aucune des autres matières. C'est pourquoi il est entré dans le ministère. N'est-ce pas étonnant que des gens puissent accomplir sans honte ce passage de l'Écriture à la télévision à la vue de tous : Ils n'ont pas été envoyés, mais ils sont venus! Dieu ne leur a pas parlé, mais ils ont commencé à prophétiser et à enseigner ! Apprenez à identifier ces gens et ne vous mettez pas sous leur ministère parce que vous vous trouverez sous la mauvaise personne!

Je n'ai pas envoyé ces prophètes, cependant ils ont couru ; je ne leur ai pas parlé, et ils ont prophétisé !

Jérémie 23 :21

11. Identifier ceux qui entrent dans le ministère à travers de faux rêves.

Beaucoup de gens ont de faux rêves. Malheureusement, certains entrent effectivement dans le ministère à cause d'un faux rêve. Comme vous pouvez voir, le faux ministère ne sera pas vraiment avantageux pour les gens. Le Seigneur a maudit les faux prophètes, parce qu'ils poussent les gens à se tromper.

Presque tous les ministres prétendent avoir entendu le Seigneur avant d'entreprendre leur mission. Malheureusement, certains ont eu des visions et ont rêvé de leur propre cœur. Tous ces ministères doivent être laissés au temps. On les reconnaîtra à leurs fruits.

> **Voici, j'en veux à ceux qui PROPHÉTISENT DES RÊVES FAUX, dit le SEIGNEUR, et qui les racontent, ET QUI ÉGARENT MON PEUPLE PAR LEURS MENSONGES et par leur frivolité ; bien que je ne les aie pas envoyés ni ne les ai commandé, c'est pourquoi ils ne seront d'aucun profit à ce peuple, dit le SEIGNEUR.**
>
> **Jérémie 23 :2**

12. Identifier ceux qui entrent dans le ministère à la légère, sans tenir compte de la gravité de ce que cela signifie de travailler pour Dieu.

C'est ce que Jérémie veut dire quand il dit que les gens utilisent la frivolité dans leur ministère. Le ministère n'est pas une tâche facile.

Un jour, quelqu'un me vit au volant d'une belle voiture et je l'entendis faire un commentaire étonnant. Il dit : « On devrait tous devenir pasteurs et ouvrir des églises, on aurait alors des belles voitures comme celle-là ». Dieu me fit entendre la voix de cet ignorant, parce que c'est la pensée secrète de beaucoup d'autres ignorants. J'accueille tous ceux qui veulent devenir ministres pour avoir une belle voiture, mais je leur conseillerais de prendre des pansements pour leurs blessures pour le jour où ils se casseront le nez !

Le ministère n'est pas un travail facile, et personne ne devrait s'aventurer dans le ministère à la légère. Je reconnais souvent la sagesse chez ceux qui hésitent à entrer dans le ministère à plein temps. Je sens souvent qu'ils sont prudents et circonspects, et je sais qu'ils envisagent judicieusement les réalités que le ministère implique. Ceux qui choisissent le travail de ministère à la légère ne comprennent pas ce qu'ils font.

> **Voici, j'en veux à ceux qui prophétisent des rêves faux, dit le SEIGNEUR, et qui les racontent, et qui égarent mon peuple par leurs mensonges ET PAR LEUR FRIVO- LITÉ ; BIEN QUE JE NE LES AIE PAS ENVOYÉS ni ne les ai commandé, c'est pourquoi ils ne seront d'aucun profit à ce peuple, dit le SEIGNEUR.**
>
> **Jérémie 23 :32**

13. Identifier ceux qui entrent dans le ministère par le mensonge et la tromperie.

Certains entrent même dans le ministère par le mensonge et la tromperie. Ils prétendent avoir un appel, mais ils n'en ont pas. Certains ont besoin d'un emploi et au lieu de le dire tout simplement, ils se lancent dans un discours spirituel disant qu'ils ont un appel. Beaucoup de ces discours ne sont que mensonges et hypocrisie.

Ces gens se jettent dans le ministère quand ils ont une chance et il devient évident qu'ils ont menti tout le long au sujet de leur appel au ministère.

> **Car je ne les ai pas envoyés, dit le SEIGNEUR, et ILS PROPHÉTISENT UN MENSONGE EN MON NOM, afin que je vous chasse et que vous périssiez, vous et les prophètes qui vous prophétisent.**
>
> **Jérémie 27 :15**

14. Identifier ceux qui entrent dans le ministère parce qu'ils ont une rare capacité de pousser les gens à croire et à se fier à des choses qui ne sont pas vraies.

Les faux prophètes critiquent et accusent les dirigeants qui sont en place. Ils poussent les foules à se fier à des choses qui ne sont pas vraies. Ils leur font suspecter que leurs dirigeants sont mauvais. Jérémie fut considéré comme une personne mauvaise prédisant la destruction de Jérusalem, parce que le faux prophète

Hananiah leur mentait. La caractéristique de Satan est de mentir et de tromper le monde entier. Les ministres de Satan qui mentent trompent aussi habilement de grands groupes de personnes en leur faisant croire des choses qui ne sont pas vraies.

Puis le prophète Jérémie, dit à Hananiah, le prophète : Écoute maintenant Hananiah, le SEIGNEUR ne t'a pas envoyé ; mais TU AS FAIT QUE CE PEUPLE A MIS SA CONFIANCE DANS LE MENSONGE.

Jérémie 28 :15

Envoie à tous ceux de la captivité, disant : Ainsi dit le SEIGNEUR : au sujet de Shemaiah le Néhélamite : Parce que ce Shemaiah vous a prophétisé, quoique je ne l'aie pas envoyé, et qu'il vous a fait vous confier dans le mensonge.

Jérémie 29 :31

Beaucoup de ministères grands et populaires prêchent des doctrines qui ne sont pas les doctrines dominantes de l'Évangile. Elles ressemblent à l'Évangile, mais ce n'est pas l'Évangile. Dieu n'est pas content d'eux et Il n'est pas satisfait de leurs messages, parce que ce n'est pas l'Évangile qu'Il nous a envoyé prêcher.

Mais les foules charnelles qui aiment l'argent avalent joyeusement ces messages et disent au pasteur qu'ils n'ont jamais entendu de messages aussi merveilleux avant ! La tromperie à grande échelle est donc livrée au peuple de Dieu par les faux prophètes. Ces faux prophètes modernes ressemblent aux « saintes nitouches » du XXème siècle, parfaits exemples de réussite et de richesse qui connaissent toutes les étapes de la vie et les raisons de tout ce qui se passe dans le monde.

Mais comme les trois amis de Job, ces pasteurs qui semblent connaître les raisons de tout ce qui se passe dans votre vie, se trompent en fait sur beaucoup de choses. À la fin, Job fut le juste et les amis de Job furent déclarés pécheurs. Beaucoup de ces pasteurs seront déclarés pécheurs au jour du Jugement.

15. Identifier ceux qui entrent dans le ministère par les puissances des ténèbres.

Un jour, j'ai prêché dans une petite église qui avait des doctrines inhabituelles. Quand je lançai l'appel de l'autel, tous les pasteurs donnèrent leur vie au Christ. Même le pasteur en charge donna sa vie à Jésus Christ. On peut se demander comment ces gens-là sont devenus pasteurs et par quel esprit ils fonctionnent. Il y a définitivement des fausses églises, avec des faux prophètes qui sont entrés dans le ministère par la divination et la vanité. Comment pouvez-vous faire la différence entre un faux ministre et un vrai ministre ? Je ne peux pas vraiment expliquer, mais parfois vous voyez un ministre auquel vous ne vous sentez pas attiré. Souvent, Dieu ne vous attire pas vers ce ministre.

Il est souvent impossible de dire si c'est bien ou mal. Puisque vous ne pouvez pas voir dans le cœur des hommes, Vous devez faire attention de ne pas commenter. Comptez seulement sur votre cœur et sur le fait de vous sentir attiré à lui ou non.

Souvenez-vous du passage de l'Écriture qui nous apprend à ne pas juger sur l'apparence extérieure. Il y aura toujours des ministères qui ressemblent à de faux ministères, mais qui sont en fait authentiques. Souvenez-vous que tout arbre que le Père n'a pas planté sera déraciné !

> **Ils ont vu la vanité ET DES DIVINATIONS DE MENSONGE, disant : Le SEIGNEUR dit : Et le SEIGNEUR ne les a pas envoyés et ils ont fait espérer que leur parole serait confirmée.**
>
> **Ezéchiel 13 :6**

Chapitre 19

Les devoirs du berger : être doux et tendre

Cinq raisons d'être doux et tendre

1. Les bergers doivent être doux et tendres parce que les enfants sont tendres.

   Et Jacob lui dit : Mon SEIGNEUR sait que LES ENFANTS SONT TENDRES ; et j'ai avec moi des brebis et des vaches avec leurs petits ; si on les presse un seul jour, tout le troupeau mourra.

   Genèse 33 :13

2. Les bergers doivent être doux et tendres parce qu'il y a des petits jeunes dans les troupeaux.

   Et Jacob lui dit : Mon SEIGNEUR sait que les enfants sont tendres ; et j'ai avec moi DES BREBIS ET DES VACHES AVEC LEURS PETITS ; si on les presse un seul jour, tout le troupeau mourra.

   Genèse 33 : 13

3. Les bergers doivent être doux et tendres parce que vos troupeaux vont mourir si vous les pressés trop.

   Et Jacob lui dit : Mon SEIGNEUR sait que les enfants sont tendres ; et j'ai avec moi des brebis et des vaches avec leurs petits ; SI ON LES PRESSE UN SEUL JOUR, TOUT LE TROUPEAU MOURRA.

   Genèse 33 :13

4. Les bergers doivent être doux et tendres parce que les troupeaux doivent être conduits doucement.

   Que mon SEIGNEUR, je te prie, passe devant son serviteur ; et je m'en IRAI TOUT DOUCEMENT, au

pas du bétail qui va devant moi, et au pas des enfants, jusqu'à ce que j'arrive chez mon seigneur, à Seir.

Genèse 33 :14

5. Les bergers doivent être doux et tendres parce que le troupeau ne doit être conduit qu'au pas des enfants.

   Que mon SEIGNEUR, je te prie, passe devant son serviteur ; et je m'en irai tout doucement, au pas du bétail qui va devant moi, et AU PAS DES ENFANTS, jusqu'à ce que j'arrive chez mon seigneur, à Seir.

   Genèse 33 :14

Chapitre 20

Les devoirs du berger : guider et conduire

1. Un berger doit conduire ses brebis près des eaux tranquilles.

Il me fait reposer dans de verts pâturages ; il ME CONDUIT PRÈS DES EAUX TRANQUILLES.

Psaumes 23 :2

2. Un berger doit conduire ses brebis dans de verts pâturages.

Il me fait reposer dans de verts pâturages...

Psaumes 23 :2

3. Un berger doit guider ses brebis dans le désert.

Mais fit partir son peuple comme des brebis, et LES GUIDA DANS LE DÉSERT COMME UN TROUPEAU. Et il les conduisit en sûreté, afin qu'ils n'aient pas peur ; et la mer submergea leurs ennemis. Et il les amena à la frontière de son sanctuaire, c'est-à-dire à cette montagne que sa main droite avait acquise.

Psaumes 78 :52-54

4. Un berger doit conduire son peuple comme un troupeau.

Conduire le peuple comme un troupeau évoque l'apprentissage des principes nécessaires pour conduire un grand nombre de personnes ayant des opinions, des antécédents et des croyances différents. L'art du métier de berger est l'art de conduire les gens en dépit de l'opposition de brebis indépendantes, de meneurs d'opinion et de rebelles. C'est aussi l'art de conduire des gens qui sont si nombreux que vous ne pouvez parler à chacun personnellement.

Tu as conduit ton peuple comme un troupeau, par la main de Moïse et d'Aaron.

Psaumes 77 :20

Chapitre 21

Les devoirs du berger : veiller sur les brebis

Cinq façons dont un berger doit veiller sur ses brebis

1. *Les bergers doivent veiller à l'âme, à l'esprit et au cœur des brebis.* C'est peut-être en étant agriculteur que vous comprendrez la nécessité de veiller aux fonctionnements internes des brebis que Dieu vous a données. Être berger est la même chose qu'être agriculteur.

   Un agriculteur me raconta un jour comment il dépensa toutes ses économies pour acheter des poussins d'un jour pour son élevage de poulets. « Après avoir acheté ces poussins d'un jour, je les nourris avec sincérité et veillai à ce qu'ils grandissent, mais ils n'arrivaient pas à se développer ».

   Il me dit : « J'ai essayé tout ce que je pouvais. J'ai fait venir le vétérinaire. Je leur ai donné de la nourriture supplémentaire. Je leur ai donné des vitamines. J'ai dépensé beaucoup d'argent pour ces poulets, mais ils ne voulaient pas se développer ! »

   Ce que ce pauvre agriculteur ne savait pas, c'est qu'il y avait quelque chose réellement anormal chez ces poussins. Il avait acheté des poussins qui n'avaient pas la capacité de croître. Ces poussins avaient un problème avec leur « âme ». C'étaient des « poussins anormaux » qui n'avaient pas la capacité normale de grandir.

   Un autre agriculteur me raconta comment ses cochons ne se développaient pas malgré tout ce qu'il faisait pour les faire croître.

   Ces problèmes d'agriculture sont les raisons pour lesquelles un berger doit sans cesse veiller à l'âme, à l'esprit et au cœur des brebis. Il cherche à voir s'il y a quelque chose qui ne va pas à l'intérieur de ses brebis. Ce sont les problèmes profondément intérieurs des brebis qui les empêchent de se développer.

Obéissez à ceux qui ont autorité sur vous et soyez-leur soumis, car ILS VEILLENT SUR VOS ÂMES, comme ceux qui devront en rendre compte, afin qu'ils puissent le faire avec joie et non pas à regret ; car cela vous serait préjudiciable.

Hébreux 13 :17

2. *Les bergers doivent veiller à la vie même de leurs brebis.* Satan veut aussi tuer vos membres. C'est le devoir du pasteur de prier pour la préservation de la vie des brebis. Dieu épargnera leur vie grâce à vos prières.

Prenez donc garde à vous-mêmes, et à tout le troupeau sur lequel l'Esprit Saint vous a établis évêques, pour nourrir l'église de Dieu, qu'il a acquise par son propre sang.

Car je sais qu'après mon départ, il s'introduira parmi vous des loups redoutables, qui n'épargneront pas le troupeau ;

Et parmi vous s'élèvera des hommes qui prononceront des choses perverses, pour attirer les disciples après eux. C'est pourquoi veillez, et souvenez-vous que durant trois ans je n'ai cessé nuit et jour d'avertir chacun de vous avec larmes.

Actes 20 :28-31

3. *Les bergers doivent veiller sur les âmes de leurs brebis, en demeurant constamment dans la prière et l'action de grâce.*

Persévérez dans la prière, et veillez en elle dans l'action de grâces;

Colossiens 4 :2

4. *Les bergers doivent veiller sur les âmes des brebis en priant pour elles la nuit.* Prier la nuit s'appelle « veiller et prier »

Jésus nous a ordonné de veiller et de prier. Veiller et prier évoque l'attente de Dieu dans la nuit.

C'est pourquoi ne dormons pas, comme font les autres ; mais veillons et soyons sobres.

1 Thessaloniciens 5 :6

5. *Les bergers doivent veiller sur les âmes de leurs brebis, en faisant attention aux ennemis.* Il y a toujours un ennemi qui essaie de voler nos brebis. Je me souviens d'un frère qui élevait des poulets. Une nuit, un chat entra dans le poulailler et tua plusieurs poulets. Le chat ne pouvait évidemment pas manger plus d'un poulet, mais il finit par en tuer plus de cinquante. C'est la méchanceté de l'ennemi qui vient détruire le travail que nous faisons. Quand le diable a fini de passer par la congrégation, les gens sont stupidement détruits et désormais incapables de faire partie d'une église.

Mais toi, veille en toutes choses, endure les afflictions, fais le travail d'un évangéliste ; démontre pleinement la preuve de votre ministère.

2 Timothée 4 :5

Chapitre 22

Jéhovah-Adonaï, le berger protecteur

La protection d'un berger

1. *Comme Jéhovah-Adonaï, le grand berger, les pasteurs doivent protéger leurs brebis en les défendant contre les attaques.* Dieu défend Ses brebis par les bergers. Jéhovah-Adonaï, le bon berger, défend Ses brebis.

   Ma défense vient de Dieu qui sauve les hommes droits de cœur.

   Psaumes 7 :10

   Mais moi, je chanterai votre pouvoir ; oui, je chanterai à haute voix dès le matin ta miséricorde ; parce que tu as été ma défense et mon refuge au jour de mon inquiétude.

   Psaume 59 : 16

   Lui seul est mon roc et mon salut ; il est ma défense ; je ne serai pas déstabilisé.

   Psaume 62 :6

   Le SEIGNEUR des armées les défendra ; et ils dévoreront, et subjugueront avec les pierres de fronde ; et ils boiront, et feront du bruit comme par le vin ; et ils seront remplis comme les coupes, et comme les coins de l'autel.

   Zacharie 9 :15

2. *Comme Jéhovah-Adonaï, le grand berger, les pasteurs doivent protéger leurs brebis en gardant leurs brebis.* Les bergers stabilisent la vie de leurs brebis. Jéhovah-Adonaï, le grand berger, est aussi le gardien des brebis. Il stabilise leur vie et leurs pieds ne seront pas déplacés.

Il ne permettra pas que ton pied soit déplacé ; celui qui te garde ne sommeillera pas.

Psaume 121 :3

3. *Comme Jéhovah-Adonaï, le grand berger, les pasteurs doivent protéger les brebis de l'influence de cette génération moderne sans dieu.* Jéhovah-Adonaï, le bon berger, protège les brebis de l'influence de cette génération. Les bergers protègent leurs brebis de l'influence de leur génération.

   Tu les garderas, ô SEIGNEUR, tu les préserveras de cette génération pour toujours.

   Psaume 12 :7

4. *Comme Jéhovah-Adonaï, le grand berger, les pasteurs doivent protéger les brebis de d'orgueil. Jéhovah-Adonaï, le bon berger, protège Ses brebis de l'orgueil.* Les bergers peuvent protéger leurs brebis de l'orgueil en prêchant et en enseignant l'humilité et l'infériorité de l'homme par rapport à Dieu.

   Tu les cacheras dans le secret de ta présence, loin de l'orgueil de l'homme ; tu les garderas secrètement dans une tente loin des querelles des langues.

   Psaume 31 : 20

5. *Comme Jéhovah-Adonaï, le grand berger, les pasteurs doivent protéger les brebis en étant disponibles pour elles.* Les brebis doivent savoir où toujours trouver le berger. On peut compter sur Jéhovah-Adonaï, le berger fiable, et le trouver en le cherchant dans les collines. Les bergers sont fiables ; leurs brebis peuvent compter sur eux.

   J'élèverai mes yeux vers les collines d'où me vient mon secours. Mon secours vient du SEIGNEUR, qui a fait le ciel et la terre. Il ne permettra pas que votre pied soit déplacé ; CELUI QUI TE GARDE NE SOMMEILLERA PAS.

   Psaume 121 :1-3

6. *Comme Jéhovah-Adonaï, le grand berger, les pasteurs doivent protéger les brebis en les confiant à Dieu.* Jésus confia toutes Ses brebis à Jéhovah-Adonaï pour les conserver. Les bergers doivent suivre l'exemple du Christ et confier leurs brebis à Dieu.

   Et maintenant je ne suis plus dans le monde, mais ceux-ci sont dans le monde, et je viens à toi. PÈRE SAINT, GARDE EN TON NOM CEUX que tu m'as donnés, afin qu'ils puissent être un, comme nous sommes un.

   Jean 17 :11

Chapitre 23

Les devoirs du berger : nourrir

1. *Le berger doit faire reposer les brebis dans de verts pâturages et préparer une table pour les nourrir.* Les verts pâturages et les eaux tranquilles contribuent à détendre les brebis et cela permet de les nourrir.

Le SEIGNEUR est mon berger ; je ne manquerai de rien. Il me fait reposer dans de verts pâturages ; il me conduit près des eaux tranquilles. Il restaure mon âme, il me conduit dans les sentiers de droiture, à cause de son nom. Oui même si je marche par la vallée de l'ombre de la mort, je ne craindrai aucun mal ; car tu es avec moi ; ton bâton et ta houlette me réconfortent. Tu prépares une table devant moi, en la présence de mes ennemis ; tu oins ma tête d'huile ; ma coupe déborde. Assurément la bonté et la miséricorde me suivront tous les jours de ma vie, et je demeurerai dans la maison du SEIGNEUR pour toujours.

Psaume 23

2. *Le berger doit rassembler les brebis, les transporter et les conduire doucement à l'endroit où il peut les nourrir.* Si vous n'avez pas le temps ou le cœur pour rassembler les gens que vous conduisez et pour les guider en douceur, vous n'aurez jamais la possibilité de les nourrir. Sans cette sorte de douceur, les brebis ne seront pas ouvertes à recevoir quoi que ce soit du berger.

Il nourrira son troupeau comme un berger ; il rassemblera les agneaux de son bras, et les portera dans son sein, et conduira doucement celles qui allaitent.

Ésaïe 40 :11

3. *Le berger doit nourrir les brebis par la connaissance et l'intelligence.* La connaissance de Dieu, la crainte de Dieu et la compréhension spirituelle vont grandement changer la vie de vos membres. Le berger doit éviter d'administrer du matériel qui doit être enseigné dans les écoles laïques et les universités. Ces choses-là ont leur place, mais nous devons maîtriser la Parole de Dieu.

Et je vous donnerai des pasteurs selon mon cœur, lesquels vous nourriront avec connaissance et intelligence.

Jérémie 3 :15

Chapitre 24

Les devoirs du berger : restaurer et guérir

1. *Les bergers doivent être des médecins de valeur pour les brebis.* Par les bergers, la guérison doit venir dans le corps des malades.

   Mais vous, vous êtes des forgeurs de mensonges, vous êtes tous des MÉDECINS INUTILES.

   Job 13 :4

2. *Les bergers doivent aussi guérir ceux qui ont le cœur brisé, les captifs, les pauvres, les aveugles et ceux qui souffrent.*

   L'Esprit du Seigneur est sur moi, parce qu'il m'a oint pour prêcher l'évangile aux pauvres ; il m'a envoyé pour guérir ceux qui ont le cœur brisé ; pour prêcher la délivrance aux captifs, et le recouvrement de la vue aux aveugles ; pour mettre en liberté ceux qui sont meurtris,

   Luc 4 :18

3. *Les bergers doivent aider ceux qui ne sont pas bien, ceux qui ne sont pas intacts et ceux qui ne sont pas sains.*

   Mais quand Jésus l'entendit, il leur dit : Ceux qui sont en bonne santé n'ont pas besoin de médecin, mais ceux qui sont malades.

   Matthieu 9 :12

4. *Les bergers doivent restaurer l'esprit, le cœur et les sentiments des brebis. C'est ce qu'on entend par restaurer l'âme.*

   Il restaure mon âme, il me conduit dans les sentiers de droiture, à cause de son nom.

   Psaume 23 :3

5. *Les bergers doivent aider les gens à retrouver ce qu'ils ont perdu à cause de leur propre péché et de leur rébellion.*

Et le roi répondit et dit à l'homme de Dieu : Implore maintenant la face du SEIGNEUR votre Dieu, et prie pour moi, pour que ma main soit restaurée et me soit rendue. Et l'homme de Dieu supplia le SEIGNEUR, et la main du roi fut restaurée ; et devint comme elle était auparavant.

1 Rois 13 :6

6. *Les bergers doivent restaurer la vie et la normalité des brebis.*

Puis Élisée parla à LA FEMME AU FILS DE LAQUELLE IL AVAIT RENDU LA VIE, disant : Lève-toi et va-t'en, toi et ta famille, et où tu pourras séjourner car le SEIGNEUR a appelé la famine ; et même elle viendra sur le pays pendant sept ans.

2 Rois 8 :1

Alors il lui mit de nouveau ses mains sur ses yeux, et lui fit lever les yeux et IL FUT RESTAURÉ, ET IL VOYAIT CHACUN CLAIREMENT.

Marc 8 :25

Et regardant tous ceux qui étaient autour de lui, il dit à l'homme : Étends ta main. Il le fit et SA MAIN FUT RESTAURÉE ENTIÈREMENT comme l'autre.

Luc 6 : 10

Chapitre 25

Les pasteurs vampires

Qu'est-ce qu'un vampire? C'est une créature qui boit votre sang. Il suce jusqu'à vider le dernier souffle de votre corps. Un vampire ne vous donne rien en échange pour votre sang. Il prend tout simplement votre vie et votre sang.

Malheureusement, certains bergers prennent tout simplement la vie des brebis. Très certainement, les brebis qu'un berger élève lui seront bénéfiques. Un jour viendra où il jouira des choses qui lui sont offertes par ses brebis. Ce n'est pas ce dont je parle ici.

Un vrai pasteur aime ses brebis et donne sa vie pour elles. Un pasteur sans le cœur de serviteur se contente de prendre des choses de la brebis.

Compare cela avec un bon berger qui donne sa propre vie pour ses brebis. Un bon berger donne beaucoup de choses à ses brebis. Un bon berger fait beaucoup de choses pour ses brebis. Est-ce que vous donnez ou est-ce que vous prenez ? Celui qui donne est un vrai berger. Si vous vous contentez de prendre des choses des gens que vous gardez, alors vous êtes un vampire.

De nombreux dirigeants laïcs sont aussi des vampires. Ils s'emparent des richesses de la nation et vivent dans des palais, tandis que les millions de personnes qu'ils dirigent vivent dans la misère et la pauvreté. C'est facile de reconnaître une nation qui a été dirigée par des vampires. Vous n'avez qu'à jeter un coup d'œil autour de vous, et vous verrez comment les rois qui ont régné se sont emparés de la vie et de la richesse des foules.

Quand Israël voulut un roi, le Seigneur leur montra ce que cela signifierait pour eux d'avoir un roi. Ce roi s'emparerait de beaucoup de leurs choses. Il serait leur chef, *mais il prendrait en fait ce qui est à eux.* Dieu essayait de les avertir de l'arrivée des vampires.

Quand vous deviendrez berger, serez-vous un « pasteur vampire » et prendrez-vous la vie des brebis ? Serez-vous comme Jésus et donnerez-vous votre propre vie pour vos brebis ?

1. **Un berger vampire prendra vos enfants et en fera ses serviteurs.** Au lieu d'investir dans vos enfants et de les faire grandir pour qu'ils deviennent meilleurs, il tirera profit d'eux. Le pasteur vampire prendra les enfants pour lui-même. Que pouvez-vous donner aux enfants que Dieu vous envoyez ?

   Et Samuel dit toutes les paroles du SEIGNEUR au peuple, qui lui avait demandé un roi.

   Et il dit : Voici de quelle manière, le roi régnera sur vous. IL PRENDRA vos fils, et les établira à son service, sur ses chariots et pour être ses cavaliers, et quelques-uns courront devant son chariot.

   1 Samuel 8 :10-11

2. **Un pasteur vampire prendra vos fils jusqu'à ce que vous pleuriez.** Que pouvez-vous faire pour les fils ? Vous contentez-vous de leur prendre des choses ou allez-vous investir en eux ? Un pasteur vampire ne reconnaît pas l'importance des jeunes. Il ne voit pas l'avenir qui est devant eux. Il ne reconnaît pas qu'ils deviendront la prochaine génération de dirigeants.

   Et Samuel dit toutes les paroles du SEIGNEUR au peuple, qui lui avait demandé un roi.

   Et il dit : Voici de quelle manière, le roi régnera sur vous. IL PRENDRA vos fils, et les établira à son service, sur ses chariots et pour être ses cavaliers, et quelques-uns courront devant son chariot...

   Et vous crierez en ce jour-là à cause de votre roi que vous aurez choisi, et le Seigneur ne vous entendra pas en ce jour-là.

   1 Samuel 8 :10-11,18

3. **Un pasteur vampire enlèvera vos filles et les maltraitera. Que voulez-vous faire pour les filles ?** Vous contentez-vous de leur prendre des choses ou allez-vous investir en elles ? Un

pasteur vampire considère toutes les jeunes filles de l'Église comme des gens dont il peut tirer profit. Ne voyez-vous pas le potentiel chez les filles ? Demain, elles seront femmes pasteurs et chanteuses. Elles vous réjouiront un jour.

Et IL PRENDRA vos filles, pour en faire des pâtissières, et pour être cuisinières, et pour être boulangères.

1 Samuel 8 :13

4. **Un pasteur vampire s'emparera de vos champs jusqu'à ce que vous criez.** Que pouvez-vous faire au sujet des champs et des affaires de vos membres ? Pouvez-vous les aider à devenir plus riches ? Pouvez-vous faire des arrangements pour qu'ils aient des contacts d'affaires ? Pouvez-vous leur donner quelque chose pour les aider ? Où est-ce que vous vous contentez de vous emparer de leurs affaires ? Un vrai pasteur encouragera ses membres jusqu'à ce que leurs champs et leurs maisons se multiplient.

   Et IL PRENDRA vos champs et vos vignes et vos oliviers, et même les meilleurs, et les donnera à ses serviteurs.

   1 Samuel 8 :14

5. **Un pasteur vampire s'emparera d'un dixième de vos semences et de vos vignes jusqu'à ce que vous criez.** Un pasteur vampire emportera la dîme et vous fera pleurer. Vous ne verrez jamais ni ne comprendrez pourquoi la dîme a été utilisée. Un bon pasteur prendra la dîme, mais vous serez heureux qu'il l'ait reçue, car elle sera utilisée pour le bien et elle sera à la fin bénéfique à la congrégation.

   Et IL PRENDRA le dixième de vos semences et de vos vignes, et le donnera à ses officiers et à ses serviteurs.

   1 Samuel 8 :15

6. **Un pasteur vampire prendra vos serviteurs et vos animaux jusqu'à ce que vous criez.** Les pasteurs vampires espionnent les possessions de leurs membres avec des regards avides ! Ils désirent les privilèges et la richesse des membres les plus riches.

Cher pasteur, avez-vous le regard d'un vampire, espérant que vos membres vous donneront les biens qu'ils ont gagnés en travaillant dur ?

Et IL PRENDRA vos serviteurs et vos servantes, et l'élite de vos jeunes hommes, et vos ânes, et les emploiera à ses ouvrages.

1 Samuel 8 : 16

7. **Un pasteur vampire prendra la dîme de vos troupeaux jusqu'à ce que vous criez.** Prenez-vous des offrandes de vos congrégations jusqu'à ce qu'elles crient : « Assez ! Assez ! Nous ne pouvons pas donner plus! » Donnez-vous quelque chose en retour aux brebis ? Prenez-vous tellement de vos membres qu'ils sont appauvris par votre type de direction ?

   Les pays africains ont été appauvris par les chefs d'état qui ont montrés ce genre de mentalité qui « prend, prend, prend ». Leur style d'administration « à emporter » a fait de l'Afrique une terre aride, de famines et de guerres tribales.

IL PRENDRA le dixième de vos troupeaux, et vous serez ses serviteurs.

Et VOUS CRIEREZ en ce jour-là à cause de votre roi que vous aurez choisi, et le SEIGNEUR ne vous entendra pas en ce jour-là.

Néanmoins le peuple refusa d'obéir à la voix de Samuel, et ils dirent: Non ; mais nous aurons un roi sur nous ;

Afin que nous puissions être aussi comme tous les nations ; et afin que notre roi puisse nous juger, et sortir devant nous, et conduire nos batailles.

Et Samuel entendit tous les paroles du peuple, et les rapporta aux oreilles du SEIGNEUR.

1 Samuel 8 :17-21

Trois genres de pasteurs-serviteurs

Les pasteurs ne doivent pas dominer les brebis, mais ils doivent s'efforcer d'être les serviteurs du peuple auquel Dieu nous a envoyé. L'attitude pompeuse de plusieurs dirigeants est malheureusement bien différente de ce que le Christ a enseigné. Tournons notre attention maintenant vers un autre genre de berger : le berger-serviteur. Il existe trois types de bergers-serviteurs. Les pasteurs au cœur de serviteur donneront au peuple au lieu de s'emparer de ses affaires. J'ai identifié trois types de bergers-serviteurs.

1. Les pasteurs *Diakoneo* : Ceux sont des pasteurs qui servent les autres. *Diakoneo* est un mot grec qui évoque le service de quelqu'un ou le fait d'agir en hôte, en ami ou en enseignant. La première personne qu'un pasteur diakoneo *doit servir est le Seigneur.* Dieu peut aussi vous donner un ministère dans lequel Vous devez *servir quelqu'un*. C'est un ministère puissant et vous ne devez pas le mépriser. Martha est un bon exemple d'une personne diakoneo.

   On lui fit là un souper ; et Marthe servait, mais Lazare était un de ceux qui étaient assis à table avec lui.

   Alors Marie prit une livre d'un baume de nard, d'un grand prix, et oignit les pieds de Jésus, et essuya ses pieds avec ses cheveux ; et la maison fut remplie de l'odeur du baume.

   Jean 12 :2-3

2. Les pasteurs *Diakonia* : Ces personnes offrent leur aide ou un service à quelqu'un. *Diakonia* est un mot grec qui fait référence au fait *d'offrir de l'aide ou un service* à quelqu'un. Beaucoup de pasteurs sont appelés à aider quelqu'un. C'est un désastre quand quelqu'un dont la vocation est d'aider est obligé d'être le chef d'une église. Beaucoup de bons « chefs de premier plan » ne savent pas bien aider, et beaucoup d'assistants ne sont pas de bons « chefs de premier plan ». Ne méprisez pas la vocation de l'assistant. C'est l'appel du pasteur serviteur.

   Je connais tes œuvres, et ta charité, ET TON SERVICE, et ta foi, et ta patience, et tes œuvres ; et ces dernières surpassent les premières.

   Apocalypse 2 :19

Ai-je commis une offense en m'abaissant moi-même, afin que vous puissiez être élevés, parce que je vous ai prêché l'évangile de Dieu ?

J'ai dépouillé d'autres églises, EN RECEVANT D'ELLES UN SALAIRE, POUR VOUS SERVIR ;

2 Corinthiens 11 :7-8

3. Les pasteurs *Diakonos* : Ceux sont des pasteurs qui font des courses et des travaux ingrats. *Diakonos* est un mot grec qui décrit un domestique, un serviteur ou une autre fonction déplaisante. Vous ne devez pas éviter aucun travail déplaisant. Beaucoup d'emplois déplaisants sont en réalité des travaux du ministère. Très souvent, mépriser des travaux déplaisants revient à mépriser votre ministère lui-même.

Tychicus qui est un frère bien-aimé, et un fidèle ministre, et Co-serviteur du Seigneur, vous apprendra tout sur mon état :

Colossiens 4 :7

Chapitre 26

Les compétences de berger de Jéhovah-Adonaï

Je fus agréablement surpris de constater que ce n'est pas seulement Jésus qui est décrit comme berger. Jéhovah-Adonaï se décrit aussi Lui-même comme pasteur ! Et tout au long de l'Ancien Testament, Jéhovah-Adonaï se décrit Lui-même comme le berger qui travaille dur pour prendre soin de Ses brebis. De quel meilleur exemple pourrions-nous apprendre sinon de l'exemple de Jéhovah-Adonaï Lui-même ? Penchons-nous sur quelques-unes des principales activités auxquelles le Dieu Tout-Puissant Lui-même entreprend quand Il montre les véritables fonctions d'un berger.

Quinze façons par lesquelles Jéhovah-Adonaï montre les compétences de berger

1. **Jéhovah-Adonaï, le plus grand des bergers, recherche la brebis perdue.**

   Car ainsi dit le Seigneur DIEU Voici, JE RECHERCHERAI MES BREBIS, ET J'IRAI LES CHERCHER.

   Comme UN PASTEUR (berger) cherche son troupeau, au jour où il est au milieu de ses brebis dispersées, ainsi je chercherai mes brebis et je les délivrerai de tous les lieux où elles ont été dispersées, pendant le jour nuageux et sombre.

   Et je les retirerai d'entre les peuples, et les rassemblerai des pays, et les ramènerai dans leur terre, et les nourrirai sur les montagnes d'Israël auprès des rivières et dans tous les lieux habités du pays.

   Ezéchiel 34 :11-13

2. **Jéhovah-Adonaï, le plus grand des bergers, délivre les brebis qui ont été tenues captives.**

   Comme UN PASTEUR (berger) qui cherche son troupeau, au jour où il est au milieu de ses brebis dispersées, ainsi je chercherai mes brebis et JE LES DÉLIVRERAI de tous les lieux où elles ont été dispersées, pendant le jour nuageux et sombre.

   Ezéchiel 34 :12

3. **Jéhovah-Adonaï, le plus grand des bergers, rassemble les brebis dispersées.**

   Comme UN PASTEUR (berger) cherche son troupeau, au jour où il est au milieu de ses brebis dispersées, ainsi je chercherai mes brebis et je les délivrerai de tous les lieux où elles ont été dispersées, pendant le jour nuageux et sombre. Et je les retirerai d'entre les peuples, et LES RASSEMBLERAI des pays, et les ramènerai dans leur terre, et les nourrirai sur les montagnes d'Israël auprès des rivières et dans tous les lieux habités du pays.

   Exode 34 :12-13

4. **Jéhovah-Adonaï, le plus grand des bergers, nourrit les brebis affamées.**

   JE LES NOURRIRAI DANS UN BON PÂTURAGE, et leur parc sera dans les hautes montagnes d'Israël ; et là, elles coucheront dans un bon parc, et se nourriront dans un gras pâturage sur les montagnes d'Israël. Moi-même je nourrirai mon troupeau et les ferai reposer, dit le Seigneur DIEU.

   Ezéchiel 34 :14-15

5. **Jéhovah-Adonaï, le plus grand des bergers, procure le repos aux brebis lasses.**

   Je les nourrirai dans un bon pâturage, et leur parc sera dans les hautes montagnes d'Israël ; et LÀ, ELLES COUCHERONT DANS UN BON PARC, et se nourriront dans un gras pâturage sur les montagnes d'Israël. Moi-même je nourrirai mon troupeau et LES FERAI REPOSER, dit le Seigneur DIEU.

Ezéchiel 34 :14-15

6. **Jéhovah-Adonaï, le plus grand des bergers, panse les brebis blessées.**

Je chercherai celle qui était perdue, et je ramènerai celle qui était chassée, JE PANSERAI celle qui était blessée et fortifierai celle qui était malade ; mais je détruirai les grasses et les vigoureuses ; je les nourrirai avec jugement.

Ezéchiel 34 :16

7. **Jéhovah-Adonaï, le plus grand des bergers, fortifie les brebis faibles.**

Je chercherai celle qui était perdue, et je ramènerai celle qui était chassée, je panserai celle qui était blessée et FORTIFIERAI CELLE QUI ÉTAIT MALADE ; mais je détruirai les grasses et les vigoureuses ; je les nourrirai avec jugement.

Ezéchiel 34 : 16

8. **Jéhovah-Adonaï, le plus grand des bergers, guide les brebis qui sont sans direction.**

Car ainsi dit le Seigneur DIEU Voici, je rechercherai mes brebis, et je les chercherai.

COMME UN PASTEUR (berger) cherche son troupeau, au jour où il est au milieu de ses brebis dispersées, ainsi je chercherai mes brebis et je les délivrerai de tous les lieux où elles ont été dispersées, pendant le jour nuageux et sombre.

Et JE LES RETIRERAI d'entre les peuples, et les rassemblerai des pays, et LES RAMÈNERAI DANS LEUR TERRE, et les nourrirai sur les montagnes d'Israël auprès des rivières et dans tous les lieux habités du pays.

Ezéchiel 34 :11-13

9. Jéhovah-Adonaï, le plus grand des bergers, porte les brebis brisées.

Voici, le Seigneur Dieu viendra avec une forte main ; et son bras dominera pour lui ; voici, sa récompense est avec lui, et son ouvrage devant lui. Il nourrira son troupeau COMME UN BERGER ; il rassemblera les agneaux avec son bras, et LES PORTERA DANS SON SEIN, et conduira doucement celles qui allaitent.

Ésaïe 40 :10-11

10. Jéhovah-Adonaï, le plus grand des bergers, s'assure que les brebis ne manquent de rien.

Le SEIGNEUR est mon berger ; je ne manquerai de rien.

Psaume 23 :1

11. Jéhovah-Adonaï, le plus grand des bergers, restaure l'âme de ses brebis lasses.

LE SEIGNEUR EST MON BERGER ; je ne manquerai de rien. Il me fait reposer dans de verts pâturages ; il me conduit près des eaux tranquilles. IL RESTAURE MON ÂME, il me conduit dans les sentiers de droiture, à cause de son nom.

Psaume 23 :1-3

12. Jéhovah-Adonaï, le plus grand des bergers, conduis les brebis dans de saints sentiers de droiture.

Il restaure mon âme, il me conduit dans les sentiers de droiture, à cause de son nom.

Psaume 23 :3

13. Jéhovah-Adonaï, le plus grand des bergers, prépare une table pour les brebis effrayées en présence des ennemis.

LE SEIGNEUR est mon berger ; je ne manquerai de rien… Tu prépares une table devant moi, en présence de mes ennemis ; tu oins ma tête d'huile ; ma coupe déborde.

Psaume 23 :1.5

14. Jéhovah-Adonaï, le plus grand des bergers, réconfort les brebis agitées.

Oui même si je marche par la vallée de l'ombre de la mort, je ne craindrai aucun mal ; car tu es avec moi ; ton bâton et ta houlette me réconfortent.

Psaume 23 :4

15. Jéhovah-Adonaï, le plus grand des bergers, oint les brebis qui sont dans le besoin.

LE SEIGNEUR est mon berger ; je ne manquerai de rien… Tu prépares une table devant moi, en présence de mes ennemis ; tu oins ma tête d'huile ; ma coupe déborde.

Psaume 23 : 1.5

Chapitre 27

Trente-cinq clés pour devenir un bon berger

Je suis le bon berger ; LE BON BERGER donne sa vie pour les brebis.

Jean 10 :11

1. *Devenez un bon berger en suivant tous les exemples donnés par « le bon berger ! »* Jésus est le bon berger. Chacun d'entre nous désirant être un bon berger ou un bon pasteur doit apprendre directement de Lui. Dans ce chapitre, vous apprendrez les caractéristiques du bon pasteur Jésus Christ. Si vous êtes Son exemple, vous deviendrez un bon pasteur. Jésus-Christ a établi les normes les plus élevées pour nous. Nous n'avons pas besoin d'exemple supérieur à celui que nous avons dans le Christ.

JE SUIS LE BON BERGER ; le bon berger donne sa vie pour les brebis.

Jean 10 :11

JE SUIS LE BON BERGER, et je connais mes brebis, et je suis connu des miennes.

Jean 10 :14

2. *Devenez un bon berger en prêchant, en enseignant et en guérissant.*

Et JÉSUS allait par toutes les villes et les villages, ENSEIGNANT dans leurs synagogues, PRÊCHANT l'évangile du royaume, et GUÉRISSANT toute maladie et toute infirmité parmi le peuple.

Matthieu 9 :35

3. *Devenez un bon berger en entrant en relation avec les brebis.* Chaque berger doit découvrir l'art d'entrer en relation avec les autres êtres humains. Exercer de l'influence sur le

comportement humain est l'une des compétences les plus importantes qu'un pasteur doit développer. Travailler avec les êtres humains est une entreprise très complexe. C'est plus difficile d'apprendre à entrer en relation avec des êtres humains et à exercer de l'influence sur eux que d'opérer sur le cœur. J'ai découvert que des pasteurs vivent et meurent sans avoir appris ce savoir-faire très important qui consiste à entrer en relation avec des êtres humains et à exercer de l'influence sur eux.

À celui-ci le portier ouvre ; et les brebis entendent sa voix et IL APPELLE ses propres brebis PAR LEUR NOM, et LES CONDUIT DEHORS.

Jean 10 :3

4. *Devenez un bon berger en luttant contre tous ceux qui entrent dans la bergerie en voleurs et brigands.* Un bon berger doit reconnaître qu'il y a beaucoup de gens qui cherchent à détruire ce qu'il construit. Les ennemis font partie de la vie. Dieu dit à David : «Assieds-toi jusqu'à ce que je fasse de vos ennemis votre marchepied ». David était constamment conscient du combat qui l'attendait. Il était conscient de la réalité du mal. N'essayez pas d'être un monsieur bien gentil qui vit en paix avec tous. Parfois, pour être un bon berger, Vous devez cataloguer l'ennemi et vous battre avec lui.

En vérité, en vérité, je vous dis : Celui qui N'ENTRE PAS PAR LA PORTE dans le parc à brebis, mais qui y monte par un quelque autre chemin, celui-là est un voleur et un brigand.

Jean 10 :1

5. *Devenez un bon berger en reconnaissant et en condamnant tous ceux qui ont déjà essayé d'enlever les brebis.* Un bon berger doit enseigner contre les fausses religions et les faux bergers qui tentent d'influencer les brebis. Un bon berger doit décrire ouvertement les voleurs et les brigands, comme le fit Jésus. Jésus a enseigné que ceux qui étaient venus avant Lui étaient des voleurs et des brigands. Enseignez à vos brebis à reconnaître les voleurs et les brigands.

Tous ceux qui sont venus avant moi SONT DES VOLEURS ET DES BRIGANDS ; mais les brebis ne les ont pas entendus.

Jean 10 :8

6. *Devenez un bon berger en offrant une bergerie aux brebis.* Un bon berger crée un foyer sûr pour les brebis. Cette sure demeure pour les brebis s'appelle une bergerie. Un bon berger construit des bâtiments d'église, afin que les brebis puissent y être nourri en sureté. Tout bon berger doit essayer de construire quelque chose pour ses brebis.

   En vérité, en vérité, je vous dis : Celui qui n'entre pas par la porte DANS LE PARC À BREBIS, mais qui y monte par un quelque autre chemin, celui-là est un voleur et un brigand.

   Jean 10 :1

7. *Devenez un bon berger en devenant un bon chef.* J'ai écrit un livre spécialement pour les pasteurs et les bergers que j'ai intitulé, « L'art du leadership » Je crois qu'une des choses les plus importantes qui fassent de vous un bon pasteur, c'est votre capacité à être un chef solide et efficace. Tous les pasteurs doivent apprendre et étudier le leadership. Le leadership est un sujet scientifique que l'on peut apprendre. La compréhension du leadership est la seule chose qui vous transformera de berger d'une vingtaine de personnes en berger de mille personnes.

   À celui-ci le portier ouvre ; et les brebis entendent sa voix et il appelle ses propres brebis par leur nom, ET LES CONDUIT dehors. Et quand il a mis dehors ses propres brebis, il va devant elles, et les brebis le suivent car elles connaissent sa voix.

   Jean 10 :3-4

8. *Devenez un bon berger en entrant dans la bergerie par la bonne porte.* Vous ne pouvez devenir un berger qui réussit à moins d'entrer dans la bergerie en toute légalité. Beaucoup de bergers obtiennent leurs positions illégalement. Certains

volent des brebis d'autres églises, tandis que d'autres détruisent des églises afin de développer leurs ministères. Certains bergers provoquent la dévastation des églises auxquelles ils appartenaient auparavant. Certains étaient pasteurs assistants et sont partis avec des groupes de la congrégation. Ils utilisent le fruit de ces vols pour édifier leur vie et leur ministère. Mais un bon pasteur commence son ministère (entre dans la bergerie) de la bonne façon. Le début est tout ce qui compte ! Les débuts sont très importants ! Les fondations déterminent jusqu'où vous pouvez aller et combien de choses vous pouvez faire. « Si les fondements sont détruits, que peut faire l'homme droit ? » (Psaume 11 :3).

Mais CELUI QUI ENTRE PAR LA PORTE est le berger des brebis.

Jean 10 :2

9. *Devenez un bon berger en faisant en sorte que le portier vous ouvre la porte.* Pour être un bon pasteur, Vous devez avoir de bonnes relations avec le portier. Un bon berger est en relation avec beaucoup d'autres personnes. Il y a des gens qui n'entrent en relation qu'avec les plus hauts dirigeants, mais qui n'ont pas de bonnes relations avec les autres dirigeants. Un bon berger reconnaît qu'il aura besoin de l'aide complémentaire des autres pour accomplir sa vision. Le portier doit ouvrir la porte pour que le berger entre dans la bergerie et commence son ministère. J'ai appris que le succès de presque tout ministre dépend grandement de l'aide qu'il reçoit.

Mais celui qui entre par la porte est le berger des brebis. À CELUI-CI LE PORTIER OUVRE ; et les brebis entendent sa voix et il appelle ses propres brebis par leur nom, et les conduits dehors.

Jean 10 : 2-3

10. *Devenez un bon berger en offrant une compréhension spirituelle aux brebis.* Un berger doit avoir une longueur d'avance sur les brebis dans tous les domaines. Vous devez avoir des connaissances et de la sagesse à partager avec vos

brebis. Un berger qui n'a pas le temps de lire et d'acquérir des connaissances ne fera jamais un bon pasteur. L'autorité sur les gens que vous conduisez repose sur votre capacité à les nourrir avec une connaissance et une compréhension supérieures à ce qu'ils ont.

Jésus LEUR DIT CETTE PARABOLE mais ils ne comprirent pas les choses dont il parlait.

Jean 10 :6

11. *Devenez un bon berger en faisant que les brebis connaissent votre voix.* « Les brebis le suivent car elles connaissent sa voix » (Jean 10 :4).

Certains pasteurs ne prêchent pas beaucoup le dimanche parce qu'ils partagent leur pupitre démocratiquement avec d'autres. Ils font cela au nom de l'humilité et de l'équité. Pour une raison quelconque, certains pasteurs prêchent aussi rarement à leurs propres services en semaine. Toutes ces « humbles » raisons de ne pas prêcher souvent empêchent les brebis d'entendre régulièrement la voix du berger. À cause de cela, elles n'arrivent pas à connaître la voix de leur propre pasteur.

Vos brebis connaîtront votre voix parce qu'elles sont habituées à votre voix! Elles deviendront habituées à votre voix parce qu'elles vous entendent souvent. C'est pourquoi vous devez prêcher beaucoup de messages à vos brebis. Les brebis doivent s'habituer à votre voix. Quand elles sont habituées à votre voix, votre voix sera pour elles la voix la plus rassurante et la plus réconfortante aux heures les plus sombres de leur vie. Quand les brebis connaîtront votre voix, votre voix sera celle à laquelle elles obéiront aux moments les plus critiques de leur vie. Votre voix sera la voix la plus crédible parmi les nombreuses voix de leur vie.

ET LES BREBIS ENTENDENT SA VOIX et il appelle ses propres brebis par leur nom, et les conduits dehors.

Jean 10 :3

MES BREBIS ENTENDENT MA VOIX,

Jean 10 :27

12. *Devenez un bon berger en appelant vos propres brebis par leur nom.* Un bon berger doit connaître le nom de ses brebis. L'une des tâches d'un berger est d'apprendre le nom de chaque membre individuel. Vous devez sincèrement vous efforcer de connaître le nom de tous. Personne n'aime être un visage sans nom ou juste une autre statistique. Personne n'aime être sifflé ou être désigné par son problème.

    On oublie souvent les noms des gens et on les désigne par leurs problèmes. Le pasteur peut dire par exemple : « Amène-moi la femme qui a un problème de sang ! » ou encore « Où est la femme dont l'enfant est décédé la semaine dernière ? » ou « Comment va le frère dont les poulets ont été dévorés par un chat ? ».

    Personne n'aime non plus être désigné par un nom vague du genre : « les gens du dessus » ou « les étrangers ». Apprenez le nom des gens et ils vous aimeront juste pour cela.

IL APPELLE SES PROPRES BREBIS PAR LEUR NOM, et les conduits dehors.

Jean 10 :3

13. *Devenez un bon berger en menant vos propres brebis dans de bons pâturages.* Tout bon berger doit faire tout ce qu'il peut pour s'assurer que ses brebis ont beaucoup à manger. Parfois, vous ne pouvez nourrir vos brebis vous-même, mais vous devez faire en sorte qu'elles reçoivent de la bonne nourriture. Un bon berger invite les ministres à prêcher et à bénir sa congrégation. C'est ce que le bon berger fait. Il les conduit dans de verts pâturages.

Il appelle ses propres brebis par leur nom, ET LES CONDUIT DEHORS.

Jean 10 :3

14. *Devenez un bon berger en marchant devant vos propres brebis quand vous les conduisez dehors.* Être un bon pasteur implique le fait de sortir devant les brebis. Tout le monde cherche un bon exemple à suivre. Il y a beaucoup d'enseignants qui offrent de grands principes. La réalité est qu'il y a beaucoup moins de bons exemples de personnes qui vivent d'après ces principes. Ouvrez la voie dans la vie. Ouvrez la voie dans le mariage. Ouvrez la voie vers la prospérité. Sortez devant vos brebis et elles vous suivront.

Et quand il a mis dehors ses propres brebis, IL VA DEVANT ELLES, et les brebis le suivent car elles connaissent sa voix.

Jean 10 :4

15. *Devenez un bon berger en faisant en sorte que les brebis vous suivent. La direction implique le fait de faire en sorte que les gens vous suivent.* Vous pouvez être quelqu'un qui prie, mais incapable de faire prier votre congrégation. Vous pouvez avoir un esprit de sacrifice, mais incapable d'enseigner aux autres de se sacrifier pour le Seigneur. Un bon berger est capable d'enseigner à ses brebis de le suivre partout où il va.

    Un jour, je parlai à un grand homme de Dieu qui avait accompli beaucoup de choses dans le ministère. Il était devenu missionnaire et avait accompli beaucoup de choses pour le Seigneur. Mais il a admit ceci: « Je n'arrive pas à enseigner aux gens de ma grande église de devenir missionnaires comme moi ».

    J'étais attristé par le fait qu'un berger ne puisse pas enseigner à ses brebis de le suivre.

Et quand il a mis dehors ses propres brebis, il va devant elles, ET LES BREBIS LE SUIVENT car elles connaissent sa voix.

Jean 10 :4

Mes brebis entendent ma voix, et je les connais, et elles me suivent :

Jean 10 :27

16. *Devenez un bon berger en faisant que les brebis reconnaissent votre voix.* Reconnaître la voix du berger est un aspect vital dans le développement des brebis. Quand quelqu'un dit : « Je visite toutes les églises, elles sont toutes pareilles, une église est une église, chaque église vénère Dieu, c'est la même chose », il révèle qu'il n'a jamais été un vrai membre d'une église, ou la brebis d'un berger en particulier.

    Une vraie brebis est capable de reconnaître la voix de son berger et a découvert que toutes les églises et tous les bergers ne sont pas les mêmes. Une vraie brebis connaît la différence entre les diverses voix de bergers.

    Et quand il a mis dehors ses propres brebis, il va devant elles, et les brebis le suivent CAR ELLES CONNAISSENT SA VOIX.

    Jean 10 :4

17. *Devenez un bon berger en étant la porte des brebis.* Être une porte pour les brebis évoque le fait de procurer une entrée pour que elles aillent de l'avant. Un bon berger procure un moyen aux brebis d'entrer dans beaucoup de choses différentes. Un bon berger procure un moyen aux brebis de se marier. Vous ouvrez une voie à vos brebis pour qu'elles se marient, par votre enseignement sur le mariage et en les conseillant.

    Un berger procure un moyen à ses brebis d'entrer dans une vie prospère, par son enseignement et sa direction. Un bon berger procure un moyen à ses brebis d'entrer dans le ministère. Voilà comment un berger est une porte pour ses brebis.

    Puis Jésus leur dit encore : En vérité, en vérité, je vous dis : JE SUIS LA PORTE DES BREBIS.

    Jean 10 :7

    Je suis la porte...

    Jean 10 :9

18. *Devenez un bon berger en procurant le salut aux brebis.* Un bon berger sort à la recherche de la brebis perdue.

Sortir pour retrouver des brebis perdues s'appelle faire de l'évangélisation. Un bon berger doit être profondément impliqué dans l'évangélisation. Tout bon berger pousse les gens à être sauvés par son ministère. Un bon berger commence son travail en ramenant les gens à Christ puis en étant leur pasteur.

Quand vous devenez le pasteur de gens qui ont été sauvés par votre ministère, vous constatez qu'ils sont encore plus stables et fidèles. Malheureusement, de nombreux pasteurs ont perdu les compétences nécessaires à l'évangélisation et espèrent que les églises vont croître par leurs activités de braconnage dans d'autres congrégations.

Je suis la porte ; SI UN HOMME ENTRE par moi, IL SERA SAUVÉ, il entrera et sortira, et trouvera des pâturages.

Jean 10 :9

19. *Devenez un bon berger en donnant la vie aux brebis.* Grâce à un bon pasteur, les brebis mènent une vie meilleure. Les enseignements qui apportent la sagesse et la compréhension procurent une vie meilleure aux brebis. La plupart des brebis n'auraient pas une bonne vie sans l'apport de leur berger et pasteur.

JE SUIS VENU, AFIN QU'ELLES PUISSENT AVOIR LA VIE, et qu'elles l'aient encore plus abondamment.

Jean 10 :10

20. *Devenez un bon berger en donnant votre vie pour vos brebis.* En plus du fait d'offrir une vie meilleure aux brebis, le berger donne en fait sa propre vie pour que les brebis aient une vie meilleure. Il se sert de sa vie en exemple pour aider les brebis à s'entendre. Il sacrifie beaucoup de choses afin que les brebis puissent avoir une vie meilleure. De nombreux bergers ne font pas de sacrifice pour leurs fidèles, mais le rang d'un berger est déterminé par les sacrifices qu'il fait pour sa congrégation.

Le bon berger DONNE SA VIE POUR LES BREBIS.

Jean 10 :11

Je donne ma vie pour les brebis.

Jean 10 :15

C'est pourquoi mon Père m'aime, parce que je laisse ma vie, afin que je puisse la reprendre.

Jean 10 :17

21. *Devenez un bon berger en étant le contraire d'un mercenaire.* Il ne suffit de presque rien pour qu'un mercenaire abandonne ses brebis. Mais un vrai berger n'abandonne pas facilement ses brebis. Il consacre toute sa vie à son métier de berger, parce qu'il n'est pas juste un ouvrier.

Mais celui qui est un mercenaire, et non le berger, à qui les brebis n'appartiennent pas, voit venir le loup, et abandonne les brebis et s'enfuit ; et le loup les emporte et disperse les brebis. LE MERCENAIRE S'ENFUIT, parce qu'il est un mercenaire, et qu'il ne se soucie pas des brebis.

Jean 10 :12-13

22. *Devenez un bon berger en agissant en propriétaire des brebis.* Avoir la mentalité d'être proprietaire de n'importe quelle chose la transforme. C'est la raison de la privatisation mondiale de nombreuses entreprises appartenant à des gouvernements. Tout ce qui n'appartient pas à des personnes en particulier n'est pas manié ou géré convenablement. Dieu veut que chaque berger traite les brebis avec l'amour et les soins d'un propriétaire, et non pas avec l'esprit d'un employé sans cœur.

Mais celui qui est un mercenaire, et non le berger, À QUI LES BREBIS N'APPARTIENNENT pas, voit venir le loup, et abandonne les brebis et s'enfuit ; et le loup les emporte et disperse les brebis.

Jean 10 :12

23. *Devenez un bon berger en remarquant quand les brebis sont en danger.* Quelqu'un qui ne vous aime pas ne remarque même pas quand vous êtes en danger mortel. La plupart des gens pensent seulement à eux-mêmes. Vous serez étonné de savoir que les gens se soucient plus de leurs maux de tête que de votre cancer ! Un bon berger remarque quand ses brebis sont en détresse. Un bon berger peut même remarquer de petites choses. Malheureusement, un mercenaire ne voit même pas quand les brebis sont mourantes.

Mais celui qui est un salarié, et non le berger, à qui les brebis n'appartiennent pas, VOIT VENIR LE LOUP, et abandonne les brebis et s'enfuit ; et le loup les emporte et disperse les brebis.

Jean 10 :12

24. *Devenez un bon berger en restant avec les brebis dans les moments difficiles.* Un berger doit être là quand la situation est à son pic. On doit trouver le berger debout près de la tombe, à l'hôpital, au bloc opératoire, à côté du lit ou n'importe où le malheur a frappé. Les mauvais bergers rendent visite aux brebis pour leur soutirer de l'argent quand elles sont riches. Mais les bons bergers sont là dans les moments difficiles.

Mais celui qui est un salarié, et non le berger, à qui les brebis n'appartiennent pas, voit venir le loup, et ABANDONNE LES BREBIS et s'enfuit ; et le loup les emporte et disperse les brebis.

Jean 10 :12

25. *Devenez un bon berger en connaissant intimement vos brebis.* Dans ce discours sur le bon berger, Jésus met l'accent sur la façon dont le berger connaît ses brebis. Cette connaissance devient plus intime et plus détaillée au fil de la vie. Les pasteurs se rendent souvent compte qu'ils ne connaissaient pas vraiment leurs brebis quand ils découvrent des vérités au sujet de leurs brebis, après avoir été leur pasteur pendant des années. Vous découvrirez que la connaissance intime et détaillée de chaque brebis est absolument indispensable à un vrai travail pastoral.

Je suis le bon berger, ET JE CONNAIS MES BREBIS, et je suis connu des miennes.

Jean 10 :14

Mes brebis entendent ma voix, ET JE LES CONNAIS, et elles me suivent :

Jean 10 :27

26. *Devenez un bon berger en étant connu de vos brebis.* La confiance des brebis se bâtit à mesure qu'elles connaissent leur berger. Vous ne pouvez pas être le pasteur d'une congrégation en étant un personnage mystique. Les brebis veulent partager vos victoires, vos défaites, vos douleurs et vos joies. Tout cela les aide à se rendre compte que vous êtes sérieux et qu'elles peuvent se fier à vos paroles.

Je suis le bon berger, et je connais mes brebis, et JE SUIS CONNU DES MIENNES.

Jean 10 :14

27. *Devenez un bon berger en connaissant le père.* Être intime avec le Père des cieux est la clé pour développer le pouvoir spirituel. La présence de Dieu repose sur la personne qui demeure dans le lieu secret du Très-Haut. Être pasteur est un travail spirituel, et la proximité du Père est essentielle.

Comme mon Père me connaît, JE CONNAIS AUSSI LE PÈRE ; et je donne ma vie pour les brebis.

Jean 10 :15

28. *Devenez un bon berger en étant connu du Père.* Être ouvert et franc avec Dieu fait partie de l'évolution spirituelle nécessaire pour être un bon berger. Dieu sait tout, mais vous devez aller à Lui et Lui dévoiler votre âme. C'est ainsi que vous vous rapprocherez de la présence de Dieu. Être proche de la présence de Dieu fait de vous un bon berger.

COMME MON PÈRE ME CONNAÎT, je connais aussi le Père ; et je donne ma vie pour les brebis.

Jean 10 :15

29. *Devenez un bon berger en ayant d'autres brebis dans d'autres troupeaux.* Une partie du développement naturel du métier de berger consiste à élever des brebis dans d'autres troupeaux. Avoir des congrégations dans différents endroits est un développement important de votre profil de berger. N'ayez pas peur d'établir des églises antennes. De toute façon, vos membres s'éloigneront. Vous ferez aussi bien de développer des congrégations dans des endroits différents pour qu'ils aient un lieu où célébrer quand ils voyagent.

Et J'AI D'AUTRES BREBIS qui ne sont pas de ce parc à brebis ; elles aussi je dois les amener, et elles entendront ma voix ; et il y aura un seul troupeau et un seul berger.

Jean 10 :16

30. *Devenez un bon berger en amenant d'autres brebis par l'évangélisation.* Être un bon berger signifie que vous devez faire le travail d'un évangéliste. C'est exactement ce que Paul avertit Timothée de faire quand il le laissa en charge du troupeau. « Mais toi, veille en toutes choses, endure les afflictions, fais le travail d'un évangéliste ; démontre pleinement la preuve de ton ministère ». (2 Timothée 4 :5).

Et j'ai d'autres brebis qui ne sont pas de ce parc à brebis ; ELLES AUSSI JE DOIS LES AMENER, et elles entendront ma voix ; et il y aura un seul troupeau et un seul berger.

Jean 10 :16

31. *Devenez un bon berger en rassemblant vos brebis des autres troupeaux.* Cela évoque le fait de rassembler régulièrement vos fidèles d'endroits différents en un seul grand troupeau, afin que vous puisiez leur parler et qu'ils puissent entendre votre voix.

Il est important que les différentes congrégations qui vous sont liées s'assemblent souvent pour écouter votre voix. Vous devez lutter contre ceux qui s'opposent à ces rencontres, car c'est la volonté de Dieu de rassembler les brebis d'autres troupeaux en un seul dans le simple but qu'elles entendent vos paroles.

Et j'ai d'autres brebis qui ne sont pas de ce parc à brebis ; ELLES AUSSI JE DOIS LES AMENER, ET ELLES ENTENDRONT MA VOIX ; et il y aura un seul troupeau et un seul berger.

Jean 10 :16

32. *Devenez un bon berger en étant le seul berger en charge du troupeau.* Il est important que les brebis reconnaissent un chef. Il ne peut y avoir deux capitaines sur un même navire. Ne permettez pas à l'ambiguïté de se développer dans votre leadership. Assurez-vous que chacun sache qui est le chef. Permettre aux brebis de reconnaître un berger dans un troupeau sert à nous unir et à lutter contre la confusion dans le groupe.

Et j'ai d'autres brebis qui ne sont pas de ce parc à brebis ; elles aussi je dois les amener, et elles entendront ma voix ; et il y aura UN SEUL TROUPEAU ET UN SEUL BERGER.

Jean 10 :16

33. *Devenez un bon berger en reprenant votre vie après que vous l'ayez laissée.* Un bon berger doit non seulement savoir comment se sacrifier, mais également savoir comment se jouir des bénéfices qui lui sont dus en tant que berger des brebis. Ceci est illustré par Christ qui donna Sa vie, mais aussi qui la reprit. Ces deux activités sont complètement opposées, mais il y a un temps pour chacune.

C'est pourquoi mon Père m'aime, parce que je laisse ma vie, AFIN QUE JE PUISSE LA REPRENDRE.

Jean 10 :17

34. *Devenez un bon berger en donnant votre vie librement et de votre propre initiative.* Un bon berger n'a besoin de personne pour lui dire quand et comment faire les sacrifices nécessaires. Le sacrifice est nécessaire tout le temps, mais le

sacrifice perd de sa puissance quand les circonstances vous obligent à vous sacrifier.

Parfois, les gens décident de travailler pour le Seigneur seulement après qu'une grave maladie les frappe. Avant cette maladie, ils ne sont pas prêts à faire certains sacrifices, mais quand ils sentent l'inévitable arriver, ils semblent être prêts à faire n'importe quoi pour le Seigneur.

Mais on sait tous qu'être forcé de faire quelque chose et le faire volontairement sont deux choses différentes. Servir le Seigneur sous la menace n'est évidemment pas la même chose que le servir de bon gré. Sous la menace, vous exécutez vite et avec le sourire, mais on sait tous que vos sourires sont forcés ! Décidez de donner votre vie librement et de bon gré. Faites-le quand vous êtes jeune. Faites-le quand vous êtes fort. Faites-le quand vous êtes en bonne santé ! Dieu n'est pas un homme. On ne peut le tromper par des choses qui ne sont pas vraies !

NUL HOMME NE ME L'ÔTE, mais je la laisse de moi-même. J'ai le pouvoir de la laisser, et j'ai le pouvoir de la reprendre. J'ai reçu ce commandement de mon Père.

Jean 10 :18

35. *Devenez un bon berger en reconnaissant le pouvoir que vous avez d'influer sur des vies.* Quand vous serez un bon berger, Dieu vous confiera beaucoup d'autorité. Cette autorité vous donne le pouvoir de donner la vie ou la mort à de nombreuses personnes. Utilisez ce pouvoir sagement. Dieu vous jugera pour tout ce qu'Il vous donne.

Nul homme ne me l'ôte, mais je la laisse de moi-même. J'AI LE POUVOIR de la laisser, et j'ai le pouvoir de la reprendre. J'ai reçu ce commandement de mon Père.

Jean 10 :18

Chapitre 28

Différentes façons d'entrer en relation avec vos brebis

Pour être un bon berger, vous devez entrer en relation avec vos brebis et les garder dans cette relation. Pour vraiment être un bon berger et un bon chef, vous devez donc être capable de développer *de bonnes relations avec les gens*. Les pasteurs qui échouent n'ont souvent pas la capacité de développer des relations profondes.

La capacité de créer des relations définit souvent un ministère pastoral. Certains pasteurs n'ont tout simplement pas assez de compétences dans ce domaine pour établir une famille autour d'eux.

Un pasteur me décrit un jour son amitié pour moi.

Il dit : « J'ai une *'relation'* avec Dag ».

Il voulait dire qu'il avait une relation profonde avec moi. Mais *moi* je ne pensais pas du tout que nous avions une relation profonde. En fait, il me semblait que notre relation était très superficielle.

C'est quelqu'un que j'invitais à donner diverses conférences, mais je n'avais jamais pensé à lui comme quelqu'un avec qui j'avais une relation profonde.

Comme vous pouvez le constater, nous avions des évaluations complètement différentes de notre relation. Une personne estimait que la relation était profonde et l'autre estimait que la relation était presque inexistante. Nous comprenions les relations de façon complètement différente, en raison de nos origines et de nos perceptions. En fait, les différents types de relations que nous maintenions se manifestaient dans le genre de ministères que nous développions.

Fondamentalement, la profondeur de vos relations dépend de ce que vous savez ou de ce que vous comprenez des relations. Certains ne connaissent qu'un seul type de relation. Ils ne connaissent pas d'autres types de relations qu'ils *peuvent avoir avec leurs brebis,* alors ils ne les utilisent jamais.

Certains ne peuvent avoir qu'une relation de maître à serviteur parce que c'est tout ce qu'ils ont connu. Certains ne peuvent avoir de relations avec des femmes qu'au niveau sexuel, parce que c'est tout ce qu'ils ont connu pour les relations entre hommes et femmes.

Certains ne peuvent pas développer de relations intimes, parce qu'ils n'ont jamais été ouverts et libres avec les autres. Ces personnes maintiennent constamment un voile sur les divers aspects de leur vie. Nos origines et nos expériences passées façonnent grandement le genre de relations que nous pouvons développer. Permettez-moi de partager avec vous douze types différents de relations que vous pouvez avoir avec vos brebis.

1. Crée des relations « d'amitié intime » avec vos brebis

Et le SEIGNEUR parlait à Moïse face à face, comme un homme parle à SON AMI. Et Moïse retournait au camp ; mais son serviteur Josué, un jeune homme, le fils de Nun, ne quittait pas le tabernacle.

Exode 33 :11

Qui abandonne le guide de sa jeunesse, et oublie l'alliance de son Dieu.

Proverbes 2 :17

Le mot « ami » vient du mot hébreu « *rea* ». Cela signifie un associé proche, un frère, un compagnon, un collègue ou un voisin. Les pasteurs ont besoin d'amitiés proches et profondes avec leurs brebis.

Paître un troupeau se dit en hébreu « *ra`ah* », ce qui signifie s'associer à quelqu'un comme à un ami. Devenir l'ami des gens est donc une manière de vous conduire en pasteur à leur égard. Quand vous développez des amitiés avec les gens, vous ouvrez une porte dans leur vie.

Pour un travail pastoral fructueux, il faut avoir des relations profondes avec les gens qui impactent sur leur vie. Pour un travail pastoral fructueux, Vous devez être impliqué dans certains aspects intimes de la vie des gens.

Après tout, le berger est là pour résoudre des problèmes, et si on ne peut ni parler des problèmes ni même les mentionner, comment le berger travaillera-il ?

Quand vous n'avez pas de relations profondes, vous vivez dans un monde d'illusions. Vous pensez que tout va bien, alors que tout ne va pas bien. Vous croyez que vous connaissez les gens, alors que vous ne les connaissez pas du tout. Vous croyez qu'il n'y a pas de problème, simplement parce qu'on n'en parle jamais ! Quand vous n'avez pas de relations profondes, il vous manque la compréhension nécessaire pour un véritable travail pastoral. L'absence de relations profondes vous empêchera de développer une famille noyau qui deviendra une congrégation nombreuse.

L'un des dangers de ne pas développer de relations profondes est l'incapacité à reconnaître la déloyauté en train de mijoter. Parce que vos relations sont superficielles, vous ne remarquerez pas quand les gens ne vous aiment pas ou ne vous croient pas. Ne vous laissez pas tromper par les civilités et la politesse de pure forme. La courtoisie et les bonnes manières ne remplacent pas la loyauté.

Je me souviens d'un pasteur qui fut complètement choqué par l'abandon soudain et la trahison de ses associés. Cet homme avait un style formel de relation. Il était plus dans le protocole et autres formes de comportement convenable. À cause de cela, il n'avait pas la capacité de développer une certaine profondeur de relation.

L'un des types les plus profonds de relations est la relation entre amis. Les pasteurs et les chefs ont besoin de nouer des amitiés qui vont au-delà des formalités et des civilités. Votre ami ne peut pas vous trahir facilement ! C'est plus sûr d'avoir autour de vous un associé qui est devenu votre ami et qui est plus attaché à vous qu'un frère, que votre associé qui se comporte avec vous comme un domestique.

Les ministres doivent développer des amitiés profondes avec leurs brebis. Les relations entre les pasteurs supérieurs et leurs associés s'amélioreront considérablement s'ils développent des amitiés profondes. Les relations entre le pasteur et la congrégation s'amélioreront s'ils développent de véritables amitiés. Développez des amitiés profondes avec les gens qui sont importants dans votre vie et dans votre ministère.

2. Crée des relations « maître-serviteur » avec vos brebis

Mais lequel d'entre vous, ayant un serviteur labourant, ou nourrissant le bétail, lui dira aussitôt qu'il revient des champs : Va et mets-toi à table ? Ne lui dira-t-il pas plutôt : Prépare-moi à souper et ceins-toi, et sers-moi, jusqu'à ce que j'aie mangé et bu ; et après cela tu mangeras et tu boiras ?

Luc 17 :7-8

Ce genre de relation est celui où le partenaire chef se comporte comme un seigneur avec son serviteur. L'avantage de ce type de relation est que le rang n'est pas ignoré ou méprisé. Ce type de relation souligne le « grade » et les « différences ». Dans le passage ci-dessus, le serviteur a une vie complètement différente de celle du maître. Pendant que le maître se repose, le serviteur travaille et sue. Les différences sont clairement manifestées par tout ce qui se passe entre le maître et le serviteur. Quand le rang et les différences sont mis en relief, ils aident au développement de l'ordre. Malheureusement, ce bon ordre n'empêche pas à la déloyauté d'apparaître.

La relation maître-serviteur peut aussi générer beaucoup de crainte. Il y a beaucoup de peur de perdre son emploi ou de perdre votre privilège. La crainte de perdre le privilège rend les gens hypocrites et imposteurs. Un pasteur qui a principalement des relations maître-serviteur peut être facilement entouré d'hypocrites, d'imposteurs et de menteurs qui ne l'aiment pas du tout.

Vous ne pouvez jamais savoir ce que votre serviteur pense de vous. Vous ne pouvez jamais savoir si votre serviteur veut vous tuer ou pas. Il est plus probable que votre serviteur vous tue que votre ami vous tue. Le roi Amon et le roi Joas furent tués par leurs serviteurs, pas par leurs amis. Les passages bibliques suivants montrent comment les serviteurs du roi Amon le tuèrent.

> Amon était âgé de vingt-deux ans quand il commença à régner, et il régna deux ans à Jérusalem. Et le nom de sa mère était Meshullemeth, la fille de Haruz, de Jotbah.
>
> Et il fit ce qui était mauvais à la vue du SEIGNEUR, comme avait fait Manassé, son père.
>
> Et il marcha dans le chemin que son père avait marché, et il servit les idoles que son père avait servies, et les adora.
>
> Et il abandonna le SEIGNEUR Dieu de ses pères, et ne marcha pas dans le chemin du SEIGNEUR.
>
> ET LES SERVITEURS D'AMON CONSPIRÈRENT CONTRE LUI, ET TUÈRENT LE ROI DANS SA MAISON.
>
> Et le peuple du pays tua tous ceux qui avaient conspiré contre le roi Amon ; et le peuple du pays établit Josiah, son fils, pour roi à sa place.
>
> 2 Rois 21 :19-24

À une autre occasion, le Roi Joas aussi fut tué par ses serviteurs.

> Ainsi le roi Joas ne se souvint pas de la bonté dont Jehoiada, père de Zachariah, avait usé envers lui; et il tua son fils. Et, comme il mourrait, dit : Le SEIGNEUR regarde, et redemande.
>
> Et il arriva, à la fin de l'année, que l'armée de Syrie monta contre Joash, et vint en Judée et à Jérusalem, et les Syriens détruisirent, d'entre le peuple, tous les princes du peuple, et ils envoyèrent tous leurs dépouilles au roi, à Damas.

Car l'armée de Syrie vint avec un petit nombre d'hommes, et le SEIGNEUR livra en leur main une très grande armée, parce qu'ils avaient abandonné le SEIGNEUR Dieu de leurs pères. Ainsi les Syriens exécutèrent jugement contre Joash.

Et quand ils le quittèrent, (car ils l'avaient laissé dans de grandes souffrances), SES SERVITEURS CONSPIRÈRENT CONTRE LUI, À CAUSE DU SANG DES FILS DE JEHOIADA, LE PRÊTRE, ET ILS LE TUÈRENT SUR SON LIT, ET IL MOURUT; et on l'enterra dans la cité de David, mais on ne l'enterra pas dans les sépulcres des rois.

Et ce sont ici ceux qui conspirèrent contre lui : Zabad, le fils de Shimeath, une Ammonite, et Jehozabad, le fils de Shimrith, une Moabite.

2 Chroniques 24, 22-26

Comment pourriez-vous savoir qui conspire contre vous si vous êtes assis dans votre château et si vous regardez vos serviteurs de haut ? Comment pourriez-vous savoir ce que pensent vos serviteurs s'ils ne sont pas vos amis ? Voulez-vous rejoindre le nombre de tous les rois tués par leurs serviteurs qui avaient comploté contre eux ?

3. Crée des relations « fiancé-fiancée » avec vos brebis

Maris, aimez vos femmes, c'est-à-dire comme Christ aussi a aimé l'église, et s'est donné lui-même pour elle ; Afin qu'il puisse la sanctifier et la nettoyer en la lavant d'eau par la parole.

Éphésiens 5 :25-26

Les relations fiancé-fiancée sont des relations passionnées avec les brebis. La passion est généralement fondée sur le mystère de savoir qui l'autre partie est. Les fiancés sont passionnément amoureux en grande partie parce qu'ils ne se connaissent pas bien. Le mystère de l'autre crée beaucoup d'enthousiasme et les rapproche.

Évidemment, toute relation pastorale a besoin d'un peu de ce sentiment passionné. L'absence de passion conduit à l'absence de zèle. Une relation qui manque de passion est terne et routinière et ne peut attirer les brebis. Vous devez être enthousiaste pour votre ministère auprès des brebis. Vous devez avoir de l'énergie et du zèle pour le suivi des brebis, même si elles ne vous apprécient pas. Les jeunes ont cette passion et ce zèle pour le ministère et ils ont souvent de meilleures relations fiancé-fiancée.

4. Crée des relations « père-fils » avec vos brebis

Mon fils, écoute l'instruction de votre père, et n'abandonne pas l'enseignement de ta mère :

Proverbes 1 :8

Une autre façon dont un pasteur peut entrer en relation avec ses brebis est en développant une relation père-fils. Il s'agit d'un genre plus profond de relation, dans laquelle le pasteur commence à traiter ses brebis comme ses propres enfants.

Une famille se développe et le pasteur s'occupe et prend soin de ses brebis comme un père le fait avec ses fils et ses filles. Il prodigue avis, conseil et direction aux brebis de manière affectueuse et rassurante. Ce type de relation est beaucoup plus fort qu'une relation employeur-employé. Elle est plus profonde et réalise plus de choses en raison d'une plus grande confiance et obéissance

Ô mon fils, entends, et reçois mes propos, et les années de ta vie te seront nombreuses.

Proverbes 4 :10

Mon fils, Soyez attentif à mes paroles, incline votre oreille à mes propos.

Proverbes 4 :20

Mon fils, garde le commandement de ton père, et n'abandonne pas la loi de ta mère :

Proverbes 6 :20

5. Crée des relations « maître-disciple » avec vos brebis

En vérité, en vérité, je vous dis : Le serviteur n'est pas plus grand que son seigneur, ni l'envoyé plus grand que celui qui l'a envoyé.

Jean 13 :16

C'est le genre de relation dans laquelle il y a beaucoup de formation. Une grande autorité est établie sur les gens en raison d'un enseignement et d'une formation constants. Vous développerez une autorité incroyable si vous êtes capable d'enseigner vos brebis.

Votre autorité s'approfondit en proportion du nombre de domaines dans lequel vous pouvez enseigner. Il existe différentes raisons pour lesquelles les gens n'enseignent pas dans certains domaines. Parfois, les pasteurs sont tout simplement ignorants dans certains domaines et ils ne peuvent faire de commentaires sur certaines questions. Parfois, les pasteurs n'ont pas d'idée sur des problèmes de politique, de finances ou de leadership. Ils ne semblent comprendre que la Bible.

Parfois, les pasteurs sont trop timides pour enseigner sur certaines questions concernant le mariage. Parce qu'ils n'enseignent pas sur certains sujets, leur autorité est limitée. Certains pasteurs sont également incapables de développer une relation avec leurs associés dans laquelle ils leur enseignent la Parole de Dieu. Ils sont incapables de regarder les gens dans les yeux et de les enseigner en petits groupes. Cela limite aussi leur capacité de contrôler et de diriger leurs associés. Il est important que vous développiez une relation maître-disciple avec tous ceux que vous dirigez.

6. Crée des relations « mari-femme » avec vos brebis

Maris, aimez vos femmes, c'est-à-dire comme Christ aussi a aimé l'église, et s'est donné lui-même pour elle

Éphésiens 5 :25

Vous pouvez également créer avec vos brebis des relations que j'appelle des relations mari-femme. Ce type de relation est une relation familiale permanente. Elle implique de communiquer avec les gens comme avec une famille permanente avec laquelle vous vivrez jusqu'à votre mort. Elle est en net contraste avec le genre de relation où vous êtes employé pour une couple d'années jusqu'à ce que vous trouviez une meilleure offre.

La relation mari-femme est très familiale. Quand vous développez ce type de relation, vous avez des relations familiales avec les gens. Cela rapproche les membres et lie leur vie à la vôtre. Mais attention, ce genre de relations peut devenir trop proche !

7. Crée des relations « tête-corps » avec vos brebis

Et Il est avant toutes choses, et toutes choses consistent par lui. Et il est la tête du corps, l'église ; lui qui est le commencement, le premier-né d'entre les morts, afin qu'il ait la prééminence en toutes choses.

Colossiens 1 :17-18

Dans des relations tête-corps, le corps fait confiance à la tête et lui laisse prendre les décisions et montrer le chemin. Dans ce genre de relation, le berger doit prendre des décisions qui changeront la vie et l'avenir des brebis. Certains pasteurs n'ont pas ce genre de relation, mais ils créent une culture démocratique dans leurs églises. La démocratie est bonne, mais elle peut tuer la direction de l'Esprit. Elle tue aussi la relation tête-corps qui est nécessaire à une croissance rapide.

C'est en effet un type de relation nécessaire si toute l'assemblée veut avancer dans la volonté de Dieu.

8. Crée des relations « vigne-sarment » avec vos brebis

Je suis la vigne, vous êtes les sarments. Celui qui demeure en moi, et moi en lui, celui-là même porte

beaucoup de fruit, car sans moi, vous ne pouvez rien faire.

Jean 15 :5

La relation vigne-sarment évoque le niveau le plus profond de rapport qui produit le meilleur genre de fruit. Quand les sarments sont complètement uns avec la vigne, ils portent du fruit. Il y a une façon par laquelle vous pouvez être totalement un avec votre chef jusqu'à ce que votre voix soit une avec sa voix et vos voies avec les siennes. Lorsque cela arrive, vous êtes prêt à porter le meilleur genre de fruit.

Des relations profondes produisent l'échange des bénédictions et autres dons important. Que votre vision soit de développer des relations, jusqu'à ce que les vies et les visions ne fassent plus qu'un.

9. Crée des relations « vigneron-vigne » avec vos brebis

Qu'y avait-il encore à faire à ma vigne, que je n'aie pas fait pour elle? Pourquoi, quand j'attendais qu'elle produirait des raisins, a-t-elle produit des raisins sau-vages ? Et maintenant je vais vous dire ce que je vais faire à ma vigne j'ôterai sa haie et elle sera broutée ; et j'abattrai sa clôture, et elle sera piétinée. Et je la réduirai en friche ; elle ne sera plus taillée ni bêchée ; mais les ronces et les épines monteront ; je commanderai aussi aux nuages de ne plus faire tomber la pluie sur elle.

Ésaïe 5 :4-6

La relation vigneron-vigne consiste à s'occuper d'une personne jusqu'à ce qu'elle porte du fruit. Cela implique aussi de développer la capacité d'élaguer et de couper les éléments indésirables qui font obstacle à la productivité. Ce type de relation implique le fait désagréable d'enlever les personnes indésirables.

Un bon berger doit développer de fortes associations. Pour développer de fortes associations, Vous devez retrancher les accusateurs, ceux qui se plaignent, les calomniateurs, les diffamateurs et les mécontents. Si vous ne pouvez développer cet aspect de « la relation pastorale », vous mettez en danger le reste de vos disciples. Si vous n'arrivez pas à supprimer la mauvaise pomme, toutes les autres pommes finiront par pourrir. La déloyauté est une urgence spirituelle qui doit être traitée rapidement.

10. Crée des relations « potier-argile » avec vos brebis

> **Certainement votre façon de mettre les choses sens dessus dessous sera estimée comme l'argile du potier pour que l'ouvrage dise de celui qui l'a fait Il ne m'a pas fait ? Où la chose formée dira-t-elle de celui qui l'a formée Il n'y comprend rien ?**
>
> **Ésaïe 29 :16**

Dans ce genre de relation, le pasteur façonne constamment les gens en récipients qui peuvent être utilisés par le Seigneur. Façonner un récipient va au-delà de l'enseignement. La relation maître-disciple consiste seulement à enseigner. Mais ce type de relation implique la transformation totale de la personne par le berger. Toute la vie des brebis est changée par la relation « potier-argile ».

Il ne s'agit pas d'avoir reçu une leçon : il s'agit d'avoir toute sa vie remaniée en quelque chose de spécial. Je suis sûr que vous pouvez voir que cela implique plus que le simple fait de recevoir quelques enseignements et de prendre quelques notes. Vous pouvez être amené à faire certaines choses qui changeront votre vie au point que les gens qui vous connaissaient dans le passé ne vous reconnaîtront pas. N'ayez pas peur de développer ce type de relation.

Un soir, pendant un service religieux, je me mis à prier pour les gens et je leur imposai les mains. Quand j'imposai les mains sur une personne en particulier, je me mis à pleurer de façon incontrôlable. Plus tard, je me demandai ce qui m'avait fait tant pleurer quand j'imposai les mains sur cette personne. Puis je compris : la vie de cette personne allait changer pour toujours. Cet individu n'allait pas simplement recevoir quelques bons enseignements, mais un changement majeur dans sa vie. Tout allait changer dans sa vie parce qu'il allait partir en mission. Tout change quand le potier travaille sur l'argile. Si vous avez une relation potier-argile, attendez-vous à une transformation absolue.

11. Crée des relations « capitaine-soldat » avec vos brebis

Et il répondit : Non, mais en tant que capitaine de l'armée du SEIGNEUR que je suis venu maintenant. Et Josué tomba sur son visage contre terre, et l'adora, et lui dit : Qu'est-ce que mon Seigneur dit à son serviteur ? Et le capitaine de l'armée du SEIGNEUR dit à Josué : Ôte ta chaussure de ton pied ; car le lieu sur lequel tu te tiens est saint. Et Josué fit ainsi.

Josué 5 :14-15

Vous pouvez avoir avec votre peuple la relation qu'un capitaine a avec ses soldats. Il y a un style militaire de direction qui est nécessaire pour rendre votre ministère pastoral complet. Après que votre église ait grandi, il est important d'être capable de commander vos membres d'aller dans le monde et de faire des disciples.

Pour développer une relation de capitaine, il vous faudra enseigner le sacrifice à vos fidèles. L'armée est une force hautement disciplinée dans laquelle les gens sont prêts à mourir aussi facilement qu'un civil boit de l'eau. Quand une congrégation est entrainée aux sacrifices, elle les fera.

Après tout, le christianisme est fondé sur la notion de sacrifice. La phrase : « Prenez votre croix et suivez Jésus » doit devenir familière à votre congrégation.

Quand vous aurez développé la relation capitaine-soldats, vous direz à l'un « Va » et il ira, et à un autre, « Viens » et il viendra. Vous demanderez aux gens d'aller n'importe où ou de faire n'importe quoi et ils le feront parce que vous le leur aurez dit.

12. Crée des relations « créateur-créature » avec vos brebis

...pour que l'ouvrage dise de celui qui l'a fait Il ne m'a pas fait ? Ou la chose formée dira-t-elle de celui qui l'a formée Il n'y comprend rien ?

Ésaïe 29 :16

Ce type de relation pastorale ressemble à la relation potier-argile. Il s'agit de faire quelque chose à partir de rien. Un pasteur doit se spécialiser dans le fait de transformer des « riens » en personnes importantes. C'est ce que Dieu fit lorsqu'Il créa ce monde merveilleux à partir d'un vide sans forme. Les pasteurs doivent pouvoir voir des perles dans les gens ordinaires. Souvent, quand un pasteur n'a pas de personnes douées dans son église, c'est parce qu'il n'a jamais vu les perles dans les gens ordinaires. Il vous faudra apprendre l'art de transformer des matières premières en produits finis de grande valeur.

Chapitre 29

Douze caractéristiques des pasteurs mercenaires

Les mercenaires sont des gens qui travaillent pour l'argent. Leur désir de l'argent domine tout ce qu'ils font. Ils n'ont peut-être pas besoin d'argent, mais ils ne peuvent entrer en relation avec vous que si cela a un rapport avec une transaction financière de quelque sorte que ce soit.

Les mercenaires ne peuvent pas imaginer que quelqu'un fasse quelque chose gratuitement. Jésus dit explicitement que les mercenaires ne sont pas bons pour les brebis. Il est important que vous compreniez bien comment les mercenaires opèrent, de sorte que vous ne deveniez pas mercenaire vous-même.

1. Les mercenaires demandent toujours de l'argent.

Ceux qui étaient RASSASIÉS se sont loués pour du pain...

1 Samuel 2 :5

Les mercenaires aiment tant l'argent qu'ils continuent à en demander même quand ils n'en ont pas besoin. Ils ne peuvent pas s'imaginer faire le plus simple travail sans se passer d'être très cher. Le passage biblique ci-dessus nous montre que les mercenaires étaient rassasiés. En d'autres termes, ils n'avaient pas besoin de manger. Et pourtant, ils voulaient être payés avec du pain. N'est-ce pas étonnant que parfois les gens les plus riches soient les plus grands voleurs ? Ils ont assez et pourtant ils veulent davantage.

2. Les mercenaires bâtissent des églises pour de l'argent.

Et ceux-ci ENGAGEAIENT tailleurs de pierres et charpentiers pour réparer la maison du SEIGNEUR...

2 Chroniques 24 :12

Ils construisent l'église, prêchent, enseignent, rendent visitent aux gens et entrent en relation avec eux en attendant de l'argent pour leur travail. Vous devez désirer construire la maison de Dieu par gratitude pour votre salut. Vous devez construire la maison de Dieu par amour pour Lui et non par désir de recevoir de l'argent.

3. Les mercenaires aident dans les églises pour de l'argent.

> **Et ceux-ci engageaient...aussi ceux qui travaillent le fer et le cuivre, pour réparer la maison du SEIGNEUR.**
>
> **2 Chroniques 24 :12**

Une fois encore, les mercenaires aiment aider, mais ils veulent un salaire complet pour chaque heure de travail. Ces personnes perçoivent un salaire pour faire de petits travaux à l'église comme jouer d'un instrument, décorer l'église et aider ici et là.

4. Les mercenaires peuvent facilement devenir déloyaux.

> **Et les princes des enfants d'Ammon dirent à Hanun, leur seigneur : Penses-vous que ce soit pour honorer votre père que David t'envoie des consolateurs ? N'est-ce pas plutôt pour reconnaître la ville, et pour l'épier, et la détruire, que David t'a envoyé ses serviteurs vers toi ?**
>
> **C'est pourquoi Hanun prit les serviteurs de David, et leur fit raser la moitié de la barbe, et couper la moitié de leurs vêtements jusqu'à leurs fesses ; puis il les renvoya.**
>
> **Quand on le rapporta à David, il envoya à leur rencontre, parce que les hommes étaient dans une grande honte ; et le roi dit : Attendez à Jéricho jusqu'à ce que votre barbe ait repoussé, et alors vous reviendrez.**
>
> **Et quand les enfants d'Ammon virent qu'ils étaient devenus puants devant David, les enfants d'Ammon envoyèrent louer les Syriens de Bethrehob et les Syriens de Zoba, vingt mille fantassins et mille hommes du roi de Maacah, et douze mille hommes de Ishtob.**
>
> **Et lorsque David l'apprit, il envoya Joab et toute l'armée d'hommes puissants.**

Et les enfants d'Ammon sortirent, et se rangèrent en bataille à l'entrée de la porte ; et les Syriens de Zoba, et de Rehob, et ceux de Ishtob et de Maacah, étaient à part dans la campagne.

Quand Joab vit que le front de la bataille était contre lui devant et derrière, il choisit des hommes d'élite d'entre tout Israël, et les déploya contre les Syriens.

Et le reste du peuple, il livra en la main de Abishai, son frère, afin qu'il puisse les déployer contre les enfants d'Ammon.

Et il dit : Si les Syriens sont plus forts que moi, tu me viendras alors en aide ; mais si les enfants d'Ammon sont plus forts que toi, j'irai alors t'aider.

2 Samuel 10 :3-11

Les mercenaires veulent de l'argent afin de pouvoir être embauchés pour presque n'importe quelles causes frivoles. Cela signifie qu'ils peuvent également vous abandonner pour de nombreuses raisons stupides. Ils peuvent se battre pour n'importe quelle cause ou partie, selon celle qui paie le plus. Si vous embauchez quelqu'un avec un esprit mercenaire, vous ne saurez jamais quand il négocie avec vos ennemis.

Vous pouvez voir dans le passage biblique ci-dessus comment les enfants d'Ammon purent embaucher les Syriens pour venir combattre une guerre absurde pour eux. Ils se mirent en guerre pour une question liée au fait de raser la barbe des serviteurs de David. Telle est la nature du mercenaire. Dès qu'il y a l'argent à gagner, ils feront n'importe quoi.

5. Les mercenaires pensent toujours que les autres pensent à l'argent.

Car le Seigneur avait fait entendre dans le camp des Syriens un bruit de chariots et un bruit de chevaux, c'est-à-dire le bruit d'une grande armée, et ils s'étaient dit : l'un à l'autre Voici, le roi d'Israël a SOUDOYÉ les rois des Hittites et les rois des Égyptiens, pour venir sur nous.

2 Rois 7 :6

Étant mercenaires, ils pensent que tout ministre prêche pour de l'argent. Ils s'attendent à ce que tout ministre aime l'argent comme ils l'aiment. Dans le passage biblique ci-dessus, les Syriens s'attendent à ce que le roi d'Israël embauche les gens à Luttez contre lui. Il n'a besoin de personne pour lui dire qu'il y a des soldats qui sont prêts à se battre pour n'importe quelle raison une fois qu'on les paie.

6. Les mercenaires sont inutiles à Dieu.

> **Avec lesquelles Abimelech engagea des hommes VAINS et sans scrupules, qui le suivirent.**
>
> **Juges 9 :4**

La Bible décrit les mercenaires comme « vains », ce qui veut dire « inutiles ». Un ministre dont la motivation principale est l'argent n'est pas utile à Dieu. Un mercenaire est essentiellement sous l'influence de l'argent. Dieu ne conduit pas les mercenaires, l'argent les conduit ! Les mercenaires ne reçoivent pas d'instructions de Dieu. Ils reçoivent des ordres de l'argent. C'est pourquoi un mercenaire est inutile à Dieu. Un mercenaire est utile au dieu de l'argent mais il n'est pas utile au Dieu vivant.

7. Les mercenaires sont superficiels.

> **Avec lesquelles Abimelech engagea des hommes FRIVOLES et LÉGERS, qui le suivirent.**
>
> **Juges 9 :4**

Les mercenaires sont des gens sans profondeur spirituelle. La Bible les décrit comme « frivoles ». Une personne profonde ne demandera pas à Dieu de payer pour des services rendus. Si vous réfléchissez profondément à ce sujet, vous vous rendrez compte qu'il n'y a rien que nous puissions prétendre être nôtre. Au mieux, nous avons le privilège d'utiliser quelque chose pour un temps. Tout ce que nous avons est un don de Dieu. Demandez à Dieu de payer pour ce que vous avez est une duperie de première classe. Si vous craignez Dieu, vous tremblerez à l'idée d'extorquer quelque argent que ce soit d'une église.

8. L'argent est le dieu des mercenaires.

Et engagent un orfèvre, qui EN FAIT UN DIEU ; ils se jettent à terre, oui, ils l'adorent.

Ésaïe 46 :6

L'argent devient le dieu d'un mercenaire. L'argent peut pousser un mercenaire à ne rien faire. Vous servez soit Dieu soit Mammon ! Il est intéressant que l'Écriture déclare que l'alternative de Dieu est l'argent. J'aurais cru que le diable aurait été l'alternative de Dieu. Mais Jésus dit que nous devons choisir entre Dieu et l'argent !

Le monde entier est manipulé par l'argent ! Satan est le dieu de ce monde et la plupart des richesses du monde sont aux mains d'hommes mauvais contrôlés par Satan.

C'est pourquoi une personne se détache de Dieu quand elle travaille pour de l'argent. Tel est le sort d'un mercenaire. Il se détache de Dieu et fait de l'argent son dieu.

9. Les mercenaires peuvent être engagés par les riches.

Et il leur dit : Micah a fait telle et telle chose pour moi, et il m'a engagé, et je suis son prêtre.

Juges 18 :4

Les pasteurs mercenaires deviennent souvent des prophètes personnels pour les riches. Les pasteurs mercenaires chantent les louanges de leurs riches patrons et ne leur prophétisent que de bonnes nouvelles. Pour être un bon pasteur, Vous devez être indépendant des gens riches qui vous donnent de l'argent.

10. Les mercenaires peuvent facilement désobéir à Dieu.

Parce qu'ils n'étaient pas venus à la rencontre des enfants d'Israël avec du pain et de l'eau, mais qu'ils avaient soudoyé Balaam contre eux, pour qu'il les maudisse ; néanmoins notre Dieu changea la malédiction en une bénédiction.

Néhémie 13 :2

Les mercenaires vont facilement à l'encontre de la volonté de Dieu à cause de l'argent. Un mercenaire peut même combattre Dieu lui-même à cause de l'argent. Balaam essaya de maudire le peuple que Dieu avait béni.

11. Ce n'est pas Dieu, mais l'argent, qui dirige les mercenaires.

Et je discernai que DIEU NE L'AVAIT PAS ENVOYÉ, mais qu'il avait prononcé cette prophétie contre moi, parce que Tobiah et Sanballat l'avaient soudoyé. C'est pour cela qu'il était soudoyé, pour que j'aie peur, et fasse ainsi et que je pèche, et afin qu'ils aient matière à me donner mauvais renon dont ils puissent me reprocher.

Néhémie 6 :12-13

Les mercenaires ne sont ni envoyés ni appelés par Dieu. Ils sont « appelés » par l'argent. Ils sont « envoyés » par l'argent. La direction du ministère d'un mercenaire est déterminée par la somme d'argent à gagner.

Ils n'iront pas quelque part même s'il y a des âmes à gagner. S'il y a de l'argent mais pas de véritable ministère, un mercenaire ira. Tout ce qu'un mercenaire veut c'est de l'argent.

J'ai observé des gens mettre en route des églises pour des raisons financières. Ils voulaient avoir une part des offrandes. Ils voulaient de l'argent et non la volonté de Dieu. Les mercenaires aiment présenter des raisons hyper spirituelles de ce qu'ils font. Sanballat et Tobiah embauchèrent effectivement quelqu'un pour prophétiser. Ces gens parlent souvent de la façon dont Dieu leur parle. Ils disent que l'Esprit les conduit, mais souvent c'est l'argent qui les amène à détruire l'église qu'ils ont aidé à construire.

12. Les mercenaires déjouent le plan de Dieu.

Et ILS SOUDOYÈRENT DES CONSEILLERS contre eux POUR DÉJOUER LEUR PROJET, pendant tous

les jours de Cyrus, roi de Perse, et même jusqu'au règne de Darius, roi de Perse.

Esdras 4 :5

Parce que les mercenaires ne sont pas véritablement « appelés » et qu'ils ne font pas partie d'un ministère authentique, ils déjouent en fait le vrai ministère. Même le « monde » peut détec-ter l'avidité en nous quand nous prêchons pour de l'argent.

Un bon exemple de quelqu'un qui déjoua le vrai ministère est Gehazi. Gehazi était ministre pour de l'argent et il fit croire au commandant Naaman qu'Élisée était avide d'argent. Ce faisant, il déjoua le plan de Dieu. Il y a des pasteurs qui noircissent l'impression générale et font croire que les pasteurs « ne recherchent que l'argent ». Étonnamment, le commandant incroyant, Naaman, vit la cupidité et la convoitise de Gehazi et il lui conseilla de se contenter de ce qu'il avait. Et il dit : Tout va bien. Mon maître m'a envoyé, disant : Voici, à l'instant même, deux jeunes hommes parmi les fils des prophètes sont venus vers moi, du mont Éphraïm ; donne-leur, je te prie, un talent d'argent et deux vêtements de rechange. Et Naaman dit : Consens à prendre deux talents. Et il le pressa, et lia deux talents dans deux sacs, ainsi que deux vêtements de rechange ; et il les donna à deux de ses serviteurs ; et ils les portèrent devant Gehazi » (2 Rois 5 :22-23).

Chapitre 30

Neuf types de pasteurs mercenaires

Un mercenaire est quelqu'un qui *veut recevoir de l'argent* quand il travaille pour Dieu. Tous les chrétiens sont appelés à porter du fruit et à travailler pour Dieu. Pour cette raison, toutes les catégories de chrétiens et de ministres peuvent devenir des mercenaires.

Nos vies, notre argent, notre santé et notre existence même sont ce qu'ils sont parce que Dieu l'a permis. Nous Lui devons tout et par conséquent, nous ne pouvons ni ne devrions Le faire payer pour tous les services que nous rendons dans Sa maison. C'est notre plus grand privilège de travailler pour Lui de quelque façon que ce soit. Chaque type de service que nous sommes appelés à rendre (technique, spirituel, financier, juridique, musical), est un honneur qui nous est fait.

Si nous cherchons à recevoir des récompenses, nous devrions les rechercher au ciel et non sur terre ! Le ciel est le lieu de jugement, du repos et des récompenses ! La terre est le lieu du travail, du travail, et encore du travail ! Si vous persistez à vouloir recevoir vos récompenses ici-bas, il se peut que vous perdiez votre récompense céleste.

À travers mes expériences d'église, j'ai rencontré plusieurs types de mercenaires. Il y a toujours des gens qui veulent faire payer la maison de Dieu. Il est intéressant de voir comment la Bible décrit certains de ces différents types de mercenaires.

1. Les mercenaires riches

> **CEUX QUI ÉTAIENT RASSASIÉS SE SONT LOUÉS pour du pain, et ceux qui étaient affamés ont cessé de l'être ; si bien que même la stérile en a enfanté sept, et celle qui a beaucoup d'enfants est devenue affaiblie.**
>
> **1 Samuel 2 :5**

Ce sont des gens qui n'ont pas besoin d'argent, mais qui se font pourtant payer pour tout ce qu'ils font. L'Écriture dit qu'ils sont rassasiés, mais qu'ils se louent pourtant pour le pain dont ils n'ont pas besoin. Par exemple, il peut y avoir un architecte riche ou un ingénieur qui n'a pas besoin de l'argent de l'église. Toutefois, il insistera pour se faire payer le travail à un tarif professionnel.

Par ailleurs, il peut y avoir un riche avocat qui n'a pas besoin de l'argent de l'église, mais qui insistera pour recevoir son tarif juridique pour avoir rédigé un simple contrat. En effet, ces gens sont riches, mais ils veulent encore qu'on leur donne du pain parce qu'ils ne comprennent pas le concept d'offrir leurs services comme un ministère pour le Seigneur. Il y a aussi ceux qui n'ont pas besoin de faire payer l'église, mais qui insistent pour prendre leur part parce qu'ils ne croient pas dans l'idée de faire quelque chose gratuitement.

2. Les mercenaires techniciens

> **Et le roi et Jehoiada le donnaient à ceux qui faisaient l'ouvrage du service de la maison du SEIGNEUR, et ceux-ci ENGAGEAIENT TAILLEURS DE PIERRES ET CHARPENTIERS pour réparer la maison du SEIGNEUR, et aussi ceux qui travaillant le fer et le cuivre, pour réparer la maison du SEIGNEUR.**
>
> **2 Chroniques 24 :12**

Les mercenaires techniciens désignent ceux qui ont des dons spécialisés et des connaissances techniques. Ce sont par exemple des pianistes qui font payer l'église pour qu'ils jouent du piano le dimanche. J'ai rencontré des gens qui font payer pour assurer la sonorisation. Il y a également des choristes qu'il faut payer pour qu'ils viennent aux répétitions.

Il y a des plombiers et des électriciens qui refuseront de serrer un boulon dans les toilettes de l'église parce ce qu'ils veulent se faire payer à un tarif professionnel. Les avocats, les médecins, les ingénieurs et les architectes font tous partie de cette catégorie de personnes possédant des compétences et des connaissances techniques. Comme le dit la Bible : « Qu'avez-vous que vous n'ayez reçu ? » Tout ce que nous avons et tout ce que nous savons est un don de Dieu. S'il y a une façon de remercier le Seigneur en rendant quelques services au ministère, faisons-le de tout notre cœur.

3. Les mercenaires intéressés

> **Et il arriva, après cela, que le roi des enfants d'Ammon mourut, et Hanun, son fils, régna à sa place. Et David dit : Je montrerai de la bonté envers Hanun, le fils de Nahash, comme son père a fait preuve de bonté envers moi. Et David envoya ses serviteurs pour le consoler au sujet de son père ; et les serviteurs de David allèrent au pays des enfants d'Ammon. Et les princes des enfants d'Ammon dirent à Hanun, leur seigneur : Penses-tu que ce soit pour honorer ton père que David t'envoie des consolateurs ? N'est-ce pas plutôt pour reconnaître la ville, et pour l'épier, et la détruire, que David t'a envoyé ses serviteurs vers toi ? C'est pourquoi Hanun prit les serviteurs de David, et leur fit raser la moitié de la barbe, et couper la moitié de leurs vêtements jusqu'à leurs fesses ; puis il les renvoya. Quand on le rapporta à David, il envoya à leur rencontre, parce que les hommes étaient dans une grande honte ; et le roi dit : Attendez à Jéricho jusqu'à ce que votre barbe ait repoussé, et alors vous reviendrez. Et quand les enfants d'Ammon virent qu'ils étaient devenus puants devant David, les enfants d'Ammon envoyèrent LOUER LES SYRIENS de Bethrehob et les Syriens de Zoba, vingt mille fantassins et mille hommes du roi de Maacah, et douze mille hommes de Ishtob.**
>
> **2 Samuel 10 :1-6**

Un mercenaire est quelqu'un qui est soldat professionnel. Il ne lutte pas pour l'honneur ou pour une grande cause nationale. C'est quelqu'un qui se bat tout simplement pour de l'argent. Un exemple de mercenaires d'église : les guerriers de la prière et les gens qui combattent dans l'esprit. Ces gens-là ne prieront que si vous leur donnez beaucoup d'argent. Il y a aussi des gens qui n'évangélisent que pour le salaire qu'ils obtiendront. Les prophètes, les pasteurs et les enseignants, sont autant d'exemples de personnes qui ne mènent le bon combat de la foi que pour de l'argent.

> **Car le Seigneur avait fait entendre dans le camp des Syriens un bruit de chariots et un bruit de chevaux, c'est-à-dire le bruit d'une grande armée, et ils s'étaient dit : l'un à l'autre Voici, le roi d'Israël A SOUDOYÉ LES ROIS DES HITTITES ET LES ROIS DES ÉGYPTIENS, POUR VENIR SUR NOUS.**
>
> **2 Rois 7 :6**

4. Les mercenaires vains et frivoles

> **Et ils lui donnèrent soixante-dix pièces d'argent prises de la maison de Baalberith, avec lesquelles Abimelech ENGAGEA DES HOMMES VAINS ET FRIVOLES, qui le suivirent.**
>
> **Juges 9 :4**

Les mercenaires vains et frivoles sont un groupe important de personnes non spirituelles. Ils voient rarement les aspects éternels des choses. Chaque fois que vous avez affaire à un membre d'église qui est frivole ou vain, son esprit fonctionne selon certaines directions.

Ces personnes ne voient l'église que comme un client potentiel pour faire des affaires. Ils tireront chaque dollar qu'ils pourront de l'église. L'esprit de frivolité et de vanité inspire à ce type de mercenaires d'obtenir autant qu'ils peuvent de l'église.

5. Les mercenaires conseillers

> **Et ils soudoyèrent contre eux des conseillers pour déjouer leur projet, pendant tous les jours de Cyrus, roi de Perse, et même jusqu'au règne de Darius, roi de Perse.**
>
> **Esdras 4 :5**

Une fois de plus, ce sont des gens qui offrent leurs services de conseillers au Seigneur. Ils peuvent être conseillers conjugaux ou même des enseignants de la Parole. Tout ce qu'ils font et disent s'accompagne d'une facture.

Il est important que nous identifiions les mercenaires de toute sorte parce que Jésus ne dit pas du bien des mercenaires. Jésus nous enseigne que les mercenaires ne se soucient pas vraiment des gens dont ils s'occupent. Aimerez-vous être soigné par un médecin qui ne se soucie pas vraiment ? La nature même du ministère change lorsque les ministres ne se soucient pas.

6. Les mercenaires faux prophètes

> **Et je discernai que Dieu ne l'avait pas envoyé, mais qu'il avait prononcé cette prophétie contre moi, parce que Tobiah et Sanballat l'avaient soudoyé.**
>
> **Néhémie 6 :12**

Un jour, je rendis visite à une église dont le pasteur était prophète. Je me rendis compte de l'impact que le ministère prophétique avait sur les gens. Un bon nombre de membres de l'église étaient complètement enchantés par ce prophète qui avait des paroles de connaissance étonnamment précises.

Son incroyable don avait attiré des gens beaucoup plus riches et beaucoup plus instruits que lui. J'étais impressionné par le calibre des personnes qui avaient été attirées par le ministère de ce prophète illettré. Je compris que son don prophétique l'avait emporté sur toutes ses limites personnelles.

Je rencontrai un monsieur qui me raconta comment sa vie fut littéralement transformée parce que le prophète lui avait dit avec précision comment et quand il allait avoir un enfant.

C'est facile de voir comment un vrai prophète de ce genre peut se métamorphoser en faux prophète. Plus la révélation qui vient du prophète est précise, plus le prophète semble tirer d'avantages et plus riche il semble devenir.

Il y a donc une tentation de trouver des prophéties et des prédictions plus fantastiques, puisque celles-ci peuvent conduire à une récolte financière plus importante pour le prophète. C'est ainsi que de nombreux vrais prophètes se sont transformés en faux prophètes. Un faux prophète est quelqu'un dont la principale motivation est d'obtenir de l'argent. Si l'argent est votre principale motivation, vous parlez alors au nom de l'argent et non au nom de Dieu.

7. Les mercenaires célèbres

Parce qu'ils ne sont pas venus à votre rencontre avec du pain et de l'eau dans le chemin, quand vous sortiez d'Égypte, et parce qu'ILS ONT SOUDOYÉ CONTRE TOI BALAAM, le fils de Beor, de Pethor en Mésopotamie, POUR TE MAUDIRE.

Deutéronome 23 :4

Parce qu'ils n'étaient pas venus à la rencontre des enfants d'Israël avec du pain et de l'eau, mais qu'ILS AVAIENT SOUDOYÉ BALAAM CONTRE EUX, POUR QU'IL LES MAUDISSE ; néanmoins notre Dieu changea la malédiction en une bénédiction.

Néhémie 13 :2

Certains mercenaires ont acquis leur notoriété après avoir obtenu de très gros contrats. Le prophète Balaam était l'un de ces mercenaires célèbres. Il est célèbre pour avoir été soudoyé pour maudire Israël quand ils sortirent d'Égypte.

Il est également célèbre parce qu'il fut arrêté de façon dramatique par un âne. Il est aussi célèbre parce que son exemple prouve que personne ne peut maudire ce que Dieu a béni. L'exemple de Balaam prouve aussi qu'un prophète qui peut être soudoyé pour quelques dollars est vraiment un faux prophète.

8. Les mercenaires pastoraux

Et il leur dit : Micah a fait telle et telle chose pour moi, et IL M'A ENGAGÉ, ET JE SUIS SON PRÊTRE.

Juges 18 :4

Il y a aussi des pasteurs dont les services ne sont accessibles qu'avec un tarif. Ces pasteurs offriront des soins pastoraux spécialisés aux plus riches. Vous remarquerez comment les mercenaires pastoraux aiment diriger des réunions de prières privées et des études bibliques pour les membres riches.

Le ministère de Jésus est en grande partie tourné vers les pauvres et doit être accessible à ceux qui ne peuvent s'offrir de tels services spécialisés. Je me demande si ces pasteurs embauchés pourraient dire toute la vérité à leurs membres riches ! Il n'est pas facile de faire des reproches à un méchant homme quand sa main même vous nourrit vous et votre famille.

9. Les pasteurs mercenaires associés

> **Et il dit : Tout va bien. Mon maître m'a envoyé, disant : Voici, à l'instant même, deux jeunes hommes parmi les fils des prophètes sont venus vers moi, du mont Éphraïm; donne-leur, JE TE PRIE, UN TALENT D'ARGENT ET DEUX VÊTEMENTS DE RECHANGE. Et Naaman dit : Consens à prendre deux talents. Et il le pressa, et lia deux talents dans deux sacs, ainsi que deux vêtements de rechange ; et il les donna à deux de ses serviteurs ; et ils les portèrent devant Géhazi.**
>
> **2 Rois 5 :22-23**

Géhazi est le pasteur associé classique qui est avide d'argent. Il fut l'associé d'Élisée et aurait hérité l'onction qui était sur Élisée. Son désir de gagner de l'argent pour son ministère détruisit son ministère à venir.

Les pasteurs associés peuvent également être soudoyés pour un tarif. Je me souviens d'un pasteur associé à qui on offrit un plus haut salaire. Ce pasteur accepta l'offre tout simplement parce ce que c'était un meilleur contrat financier. Plus tard, il découvrit qu'il avait été employé par un escroc. Les pasteurs cherchent-ils seulement des salaires plus élevés ou cherchent-ils à plaire à Dieu ?

Chapitre 31

Les bergers décevants

Il y a des déceptions dans le ministère. De nombreux ministres de l'Évangile commencent avec une grande espérance. Ils sont nommés avec une grande joie et beaucoup d'espérance. Mais avec le temps, ils deviennent les plus grandes déceptions du ministère. Le roi Saül fut un type « de berger décevant ». Il fut une grande déception pour le prophète Samuel et aussi pour le Seigneur. Dieu regretta de l'avoir choisi. Serez-vous un jour une déception pour le Seigneur ?

Treize signes de bergers décevants

> **JE ME REPENS D'AVOIR ÉTABLI SAUL POUR ÊTRE ROI ; CAR IL S'EST DÉTOURNÉ DE ME SUIVRE, ET N'A PAS EXÉCUTÉ MES COMMANDEMENTS ». Et cela affligea Samuel, et il cria au SEIGNEUR toute la nuit. Et quand Samuel se leva de bonne heure pour aller rencontrer Saul, on rapporta à Samuel, disant : Saul est allé à Carmel, et voici, il s'est fait dresser une place, et il est allé çà et là, et passa outre, et est descendu à Guilgal. Et Samuel vint vers Saul, et Saul lui dit : Béni sois-tu du SEIGNEUR, j'ai exécuté le commandement du SEIGNEUR. Et Samuel dit : Que signifie donc ce bêlement de brebis qui retentit à mes oreilles, et ce beuglement de bœufs que j'entends?**
>
> **1 Samuel 15 :11-14**

1. **Les bergers décevants vous feront regretter de les avoir nommés.**

> **JE ME REPENS D'AVOIR ÉTABLI SAUL POUR ÊTRE ROI ; car il s'est détourné de Me suivre, et n'a pas exécuté Mes commandements…**
>
> **1 Samuel 15 :11**

Le signe classique d'un berger décevant est que vous allez regretter de l'avoir nommé pour le ministère. Vous allez regretter de l'avoir fait pasteur! Vous regretterez de l'avoir présenté aux autres comme ministre de l'Évangile ! Vous regretterez de l'avoir ordonné ministre.

Je me souviens clairement de ceux que j'aimerais n'avoir jamais nommés comme pasteurs. Vous devez bien comprendre cependant que les gens n'ont pas l'intention de devenir des déceptions et qu'ils ne deviennent pas des déceptions du jour au lendemain. Comme nous allons le voir, il y a des raisons pour lesquelles les gens deviennent des déceptions dans le ministère.

2. Les bergers décevants ne suivent leur chef que jusqu'à un certain point : ils ne le suivent pas complètement.

> **Je me repens d'avoir établi Saul pour être roi ; car IL S'EST DÉTOURNÉ DE ME SUIVRE, et n'a pas exécuté Mes commandements….**
>
> **1 Samuel 15 :11**

Ils suivent la moitié des instructions et laissent de côté l'autre moitié. Suivre à moitié ne vous amènera pas à la destination désirée. Parce que certains n'ont pas réussi à totalement suivre le Seigneur, il semble que c'était une erreur pour eux de Le suivre. Souvent, quand les gens sont nommés ou ordonnés, ils sont leurrés et pensent qu'ils sont arrivés. Mais personne n'est arrivé ! Personne ne sait jamais assez !

Jusqu'à ce qu'on arrive au ciel, on ne peut pas dire si quelqu'un porte assez de fruits. On apprendra jusqu'à ce qu'on arrive au ciel. Vous ne devez jamais penser que vous êtes arrivé quelque part.

Récemment, le Seigneur me dit qu'il était très dangereux d'avoir le sentiment de n'avoir besoin de rien. « Je n'ai besoin de rien » était la pensée qui habitait le cœur de l'Église de Laodicée. « Levez-vous et faites quelque chose. Levez-vous et achetez quelque chose », me dit-il. Ne vous dites pas que vous n'avez besoin de rien.

3. Les bergers décevants ne suivent pas les instructions et les commandements de leurs pasteurs.

> **Je me repens d'avoir établi Saul pour être roi ; car il s'est détourné de Me suivre, et N'A PAS EXÉCUTÉ MES COMMANDEMENTS…**
>
> **1 Samuel 15 :11**

J'ai observé des gens suivre leurs propres idées et finir nulle part. Je me souviens avoir évalué un groupe de missionnaires que j'avais envoyés. Je leur avais donné des instructions, que vous pourriez même appeler des suggestions. Deux de ces missionnaires suivirent complètement les instructions et eurent de grandes églises qui réussissaient et qui grandissaient.

Les autres missionnaires luttèrent avec quelques personnes et de grandes difficultés financières. Quelle était la différence entre ces missionnaires ? Deux d'entre eux pensèrent qu'ils devaient suivre mes conseils à la lettre. Les autres n'ont pas beaucoup essayé d'obéir à ces instructions. Parfois, les instructions données ne semblent pas très spirituelles, mais ce sont précisément celles-là qui peuvent porter le plus de fruits. Faites attention de suivre les moindres détails des instructions et conseils donnés par les pères qui ont plus d'expérience que vous.

Saul continua de se disputer avec Samuel en prétendant faire ce qui était juste, en dépit du fait qu'il avait évidemment tort. Saul dit : « Ils les ont amenés des Amalékivos; car le peuple a épargné le meilleur des brebis, et des bœufs, pour sacrifier au SEIGNEUR, ton Dieu, et nous avons entièrement détruit le reste » (1 Samuel 15 :15).

Les pasteurs décevants (sauliens) ne reconnaissent jamais avoir tort. Ils se font illusion et n'admettront jamais faire quelque chose de mal. Même quand il y a preuve du contraire, les pasteurs sauliens ne se repentent pas. Il est important que vous sachiez dire « je suis désolé » quand vous avez tort. Vous n'êtes pas appelé au ministère parce que vous êtes parfait. Vous n'êtes pas appelé au ministère parce que vous ne commettrez jamais d'erreur. Nous faisons tous beaucoup d'erreurs, mais Dieu se sert quand même de nous ! Il n'est pas nécessaire de se battre pour maintenir une image parfaite. Vous n'êtes pas parfait, moi non plus. Saul continua de se défendre et de rejeter les diagnostics de Samuel. C'est ce qui le conduisit à sa perte.

4. **Les bergers décevants choisissent les sacrifices qu'ils font.**

Au lieu d'obéir à leur pasteur, ils choisissent de faire d'autres sacrifices. Ils font donc des sacrifices qui ne sont pas acceptables, pas nécessaires ou même pas requis. La plupart des employeurs attendent des choses spécifiques d'un employé. Habituellement, il y a une ou deux choses très importantes qui sont requises. C'est toujours une erreur de ne pas se concentrer sur ces instructions importantes qui feront le patron vraiment heureux de vous.

5. **Les bergers décevants ne se considèrent plus comme des brebis une fois qu'ils sont nommés ou ordonnés pour le ministère.**

Les pasteurs doivent toujours être conduits et ont toujours besoin d'être guidés. Vous devez toujours vous considérer comme un petit agneau. Les pasteurs décevants ne se considèrent plus comme des brebis. Il est important que vous vous consideriez comme une petite brebis ayant constamment besoin de direction. Vous avez besoin d'être conduit et vous avez besoin de direction même si vous êtes un ministre ordonné. Je suis toujours conscient de mon besoin de direction. Même si je suis en charge de plusieurs églises, je prie sans cesse pour la direction, parce que c'est la chose dont j'ai le plus besoin.

6. **Les bergers décevants ne restent pas petits à leurs propres yeux.**

Alors Samuel dit à Saul : Arrête, et je te déclarerai ce que le SEIGNEUR m'a dit cette nuit. Et il lui dit : Parle. Et Samuel dit : Lorsque tu étais petit à tes propres yeux, n'es-vous pas devenu le chef des tribus d'Israël, et le SEIGNEUR t'a oint roi sur Israël ?

1 Samuel 15 :16-17

Je me souviens toujours des paroles d'un grand homme de Dieu. Il dit : « Ma mère m'a dit : 'Reste petit à tes propres yeux et tout ira bien pour toi' ». Sa mère lui avait donné là l'un des meilleurs conseils que vous pouvez donner à un pasteur. Restez petit, reste enseignable, soyez quelqu'un qui apprend et soyez rien ! En d'autres termes : ne soyez pas important. Ne soyez pas hautain. Ne soyez pas un je-sais-tout!

7. **Les bergers décevants discutent et se défendent ; ils ne comprennent jamais de quoi il est question.**

Et le SEIGNEUR t'avait envoyé en ce voyage et t'avait dit : Va, et détruis entièrement ces pécheurs, les Amalékites, et fais-leur la guerre jusqu'à ce qu'ils soient consumés. Pourquoi n'as-tu pas obéi à la voix du SEIGNEUR, mais t'es-vous jeté sur le butin, et fait ce qui est mauvais à la vue du SEIGNEUR ? Et Saul dit à Samuel : Oui, J'ai obéi à la voix du SEIGNEUR, et je suis allé par le chemin par lequel le SEIGNEUR m'a envoyé, et j'ai amené Agag, le roi d'Amalek, et j'ai entièrement détruit les Amalékites.

1 Samuel 15 :18-20

Ne pas comprendre, ne pas être d'accord, ne pas voir le point, ne pas lâcher, ne pas croire, ne pas abandonner, ne pas céder, est le symptôme d'une terrible maladie spirituelle. Saul avait quitté le Seigneur dans son cœur et sa désobéissance n'était qu'un symptôme. Saul était en fait en rébellion. Cette condition spirituelle s'appelle désobéissance, rébellion et sorcellerie !

Méfiez-vous de ceux qui ne comprennent rien et qui ne sont jamais d'accord avec le point de vue du chef. Méfiez-vous de ceux qui n'admettent jamais leurs erreurs, en dépit des preuves retenues contre eux. Méfiez-vous de ceux avec qui vous devez passer des heures à expliquer la même chose. Méfiez-vous de ceux qui ne changent jamais. Les gens décevants et dangereux ne comprennent jamais rien, ils n'admettent jamais rien, ils ne sont jamais d'accord, ils ne cèdent jamais, ils ne fléchissent jamais, ils n'acceptent jamais, ils ne suivent jamais le courant et ils ne changent jamais !

8. Un berger décevant blâme le peuple des problèmes de l'église.

Mais le peuple a pris sur le butin, brebis et bœufs, le meilleur des choses qui auraient dû être détruits, pour sacrifier au SEIGNEUR, votre Dieu, à Guilgal.

1 Samuel 15 :21

Un bon berger *se blâmera lui-même* du fait que la congrégation ne grandit pas. Un berger « saulien » trouvera toutes sortes de raisons expliquant pourquoi ça ne va pas. Un missionnaire « saulien » trouvera beaucoup de problèmes dans le pays où il est envoyé. Il considèrera que les indigènes sont problématiques. Il méprisera le pays et le peuple auxquels il est envoyé, les décrivant comme immoraux, pervers et retardés.

Ce qu'il ne sait pas, c'est que tous les peuples du monde sont immoraux, méchants et retardés. C'est pourquoi Christ nous a envoyés vers eux. C'est parce qu'ils ont besoin d'aide que Dieu nous a envoyés comme missionnaires.

9. Les bergers décevants sont des rebelles dans l'âme.

Ils ne sont peut-être pas ouvertement rebelles, mais c'est ce qu'ils sont en réalité. La désobéissance, l'incapacité de suivre en totalité, la culpabilisation de la population, le fait de ne pas rester petit à ses propres yeux, tous ces points sont des symptômes de rébellion.

Car la rébellion est comme le péché de divination, et l'obstination est comme l'iniquité et l'idolâtrie.

1 Samuel 15 :23

10. Les bergers décevants sont comme des sorcières dans le ministère.

Car la rébellion est comme le péché de divination, et l'obstination est comme l'iniquité et l'idolâtrie.

1 Samuel 15 :23

La sorcellerie est l'utilisation d'une puissance autre que la puissance de l'Esprit Saint. La sorcellerie déploie des pouvoirs alternatifs pour atteindre certains buts. Les bergers sauliens sont comme des sorcières qui créent un sous-groupe de fidèles au sein du plus grand groupe. Ils poussent le ministère à aller dans une direction différente de celle du chef. Par l'entêtement et la désobéissance, ils arrivent à leurs fins dans le ministère, créant leur propre groupe de fidèles au sein du plus grand groupe.

11. Les bergers décevants craignent le peuple au lieu de craindre Dieu.

Et Saul dit à Samuel : J'ai péché ; car j'ai transgressé le commandement du SEIGNEUR ainsi que tes paroles, parce que j'ai craint le peuple et obéi à leur voix.

1 Samuel 15 :24

Un berger saulien est comme un homme politique. Il est très préoccupé par ce que les gens pensent. Dans le ministère, Vous devez être plus préoccupé par ce que Dieu pense. La seule chose qui distingue le vrai du ministère du faux ministère est cette capacité singulière à craindre Dieu plutôt que le peuple.

Si vous êtes un berger craignant les hommes, vos sermons s'en ressentiront et vous hésiterez dans vos décisions à cause des gens. Moins vous craignez les gens plus vous progressez dans le ministère. L'exemple de courage de Jésus-Christ se voit dans sa dé-claration : « Je ne reçois pas d'honneur des hommes » (Jean 5 :41).

Dans le ministère, vous ne devez pas craindre vos pasteurs associés. Vous ne devez pas craindre les pasteurs de vos églises associées. Vous ne devez pas craindre les riches de l'église. Vous ne devez pas craindre les pauvres de l'église. Vous ne devez pas craindre les personnes d'affaires de l'église. Vous ne devez pas craindre les hommes politiques de l'église. Vous ne devez pas craindre votre femme. Dès que vous êtes l'objet de l'une de ces craintes, vous perdez votre autorité et la bénédiction de votre ministère.

Craindre les hommes, c'est les honorer au-dessus de Dieu. Dès que vous faites cela, vous serez rétrogradé dans votre ministère.

Jésus Christ n'a pas craint les Pharisiens. Jésus Christ n'a pas craint son pasteur associé.

Jésus Christ n'a pas craint les riches. Il leur a dit de vendre tout ce qu'ils avaient et de Le suivre. Jésus Christ est en fait le meilleur exemple de berger fidèle qui craint Dieu et non les hommes.

12. Les bergers décevants ne prennent plaisir dans ce qui plaît à Dieu.

Le Seigneur prend-il plaisir aux offrandes consumées et aux sacrifices, comme à ce qu'on obéisse à la voix du SEIGNEUR ? Voici, obéir est meilleur que sacrifice, et être attentif est meilleur que la graisse des béliers.

1 Samuel 15 :22

C'est parce que les bergers sauliens ne connaissent pas vraiment Dieu. Quand vous connaissez quelqu'un, vous savez ce qu'il aime et ce qu'il n'aime pas. Le Dieu Tout-Puissant préfère évidemment l'obéissance à toutes sortes de sacrifices que nous puissions vouloir Lui offrir. La Bible enseigne que nous avons été créés pour Son plaisir et que nous devons vivre pour Lui plaire. Beaucoup de gens portent un col d'ecclésiastique mais ne connaissent pas Dieu. Ils ne savent pas ce qui plaît à Dieu.

13. Les bergers décevants sont rejetés par Dieu.

Parce que tu as rejeté la parole du SEIGNEUR, Il t'a aussi rejeté, en tant que roi.

1 Samuel 15 :23

En fin de compte, les pasteurs et les bergers avec des qualités telles que je viens de les décrire seront rejetés par Dieu. Vous devez faire tout votre possible pour que votre ministère soit accepté par Dieu. Dieu doit être satisfait de ce que vous faites, autrement tout ce que vous faites n'a aucun sens.

Chapitre 32

Vingt-deux étapes dans le développement d'un berger

David le petit berger fut oint par Samuel et devint le roi d'Israël. Il fut promu de berger de quelques brebis au rang de célèbre berger d'Israël. Le psaume vingt-trois révèle la véritable expérience de berger de David.

Comment David devint-il le berger oint d'Israël ? Ce fut par un long processus rigoureux qui dura plusieurs années. À partir du moment où il fut choisi et oint par Samuel, commença pour lui un cheminement qui se termina sur le trône d'Israël. Dans ce chapitre, je veux partager avec vous les étapes par lesquelles David est passé pour devenir le célèbre berger d'Israël. Ces étapes sont importantes, car elles se répéteront dans votre propre vie alors que vous suivez un cheminement similaire pour devenir le serviteur oint de Dieu. Apprennez ces étapes et suis l'exemple du roi David, qui devint le bien-aimé de Dieu et le mélodieux psalmiste d'Israël.

1. **Acceptez la souveraineté de Dieu, révélée par le fait que vous êtes choisi parmi d'autres frères et sœurs. David fut choisi d'entre ses frères et vous serez également appelé du sein de votre famille.**

   Alors Samuel prit la corne d'huile, et l'oignit ***au milieu de ses frères,*** et l'Esprit du SEIGNEUR vint sur David depuis ce jour-là. Puis Samuel se leva, et s'en alla à Ramah.

   1 Samuel 16 :13

2. **Développez un talent dans l'Église comme le chant et jouer d'un instrument. David développa la capacité de jouer de la harpe et vous devez aussi apprendre des compétences liées à l'église.**

   Et l'un de ses serviteurs répondit, et dit : Voici, j'ai vu un fils de Jesse, le Bethléhémite, qui a ***du talent pour jouer ;***

c'est un homme puissant et vaillant, un guerrier, qui agit prudemment, et une personne avenante, et le SEIGNEUR est avec lui.

1 Samuel 16 :18

3. **Comme David, Devenez un homme spirituel puissant en grandissant dans la prière et la Parole.**

Et l'un de ses serviteurs répondit, et dit : Voici, j'ai vu un fils de Jesse, le Bethléhémite, qui a du talent pour jouer ; c'est ***un homme puissant et vaillant, un guerrier,*** qui agit prudemment, et une personne avenante, et le SEIGNEUR est avec lui.

1 Samuel 16 :18

4. **Comme David, faites preuve de sagesse en écoutant les conseils de personnes plus âgées et plus expérimentées. C'est quelque chose que les jeunes ne font pas souvent.**

Et l'un de ses serviteurs répondit, et dit : Voici, j'ai vu un fils de Jesse, le Bethléhémite, qui a du talent pour jouer ; c'est un homme puissant et vaillant, un guerrier, ***qui agit prudemment,*** et une personne avenante, et le SEIGNEUR est avec lui.

1 Samuel 16 : 18

5. **David devint un serviteur du ministre en place, de même que David devint le porteur d'armes de Saul.**

Et David vint vers Saul, et se présenta devant lui ; et Saul l'aima beaucoup, ***et il devint son porteur d'armes.***

1 Samuel 16 :21

6. **Veillez à ce que vous trouviez grâce aux yeux de celui que vous servez. Certains perdent l'approbation quand ils travaillent pour l'homme de Dieu.**

Et David vint vers Saul, et se présenta devant lui ; et Saul ***l'aima beaucoup***, et il devint son porteur d'armes.

1 Samuel 16 :21

7. **Devenez un ouvrier du ministère bien connu, tout comme David devint un musicien de la cour bien connu.**

Et il arrivait que, quand l'esprit malin de Dieu, était sur Saul, ***David prenait la harpe, et en jouait de sa main ; ainsi Saul était soulagé*** et se trouvait bien, et l'esprit malin se retirait de lui.

1 Samuel 16 :23

8. **Comportez-vous comme un berger, en priant pour les brebis, en leur rendant visite, en les conseillant et en entrant en relation avec elles.**

Et David se leva de bonne heure et laissa les brebis à un gardien, et prit sa charge, et s'en alla, comme Jesse lui avait commandé, et il arriva au retranchement, au moment où l'armée sortait pour se battre, et poussait des cris de guerre.

1 Samuel 17 :20

9. **Soyez courageux et responsable, en tuant un ours et le lion, tout comme le fit David.**

Et David dit à Saul : Ton serviteur menait les brebis de son père, ***et vint un lion ou un ours, qui emportait une brebis du troupeau ; Et je sortais après lui, et le frappais,*** et j'arrachais la brebis de sa gueule ; et quand il se levait contre moi, je le saisissais par la mâchoire, et je le frappais, et le tuais.

1 Samuel 17 :34-35

10. **Montrez que vous comprenez bien vos limites personnelles. C'est une qualité que beaucoup n'ont pas.**

Et Saul fit armer David de son armure, et lui mit un casque de cuivre sur la tête, et le fit armer d'une cotte de mailles ; Et David ceignit son épée sur son armure, et voulut marcher ; car il ne l'avait pas essayé. ***Et David dit à Saul : Je ne peux pas aller avec ces armes*** ; car je ne les ai pas essayés. Et David les ôta de dessus lui. Et il prit en sa main son bâton, et se choisit du torrent cinq cailloux bien polis, et les mit dans le sac de berger qu'il avait, c'est-à-dire dans sa besace ; et, sa fronde à la main, et il s'approcha du Philistin.

1 Samuel 17 :38-40

11. Montrez que vous avez tiré des leçons de vos expériences en vous servant de ce dont vous avez l'habitude.

Et il prit en sa main son bâton, et ***se choisit du torrent cinq cailloux bien polis,*** et les mit dans le sac de berger qu'il avait, c'est-à-dire dans sa besace ; et, sa fronde à la main, et il s'approcha du Philistin.

1 Samuel 17 :38-40

12. Manifestez de l'amour et de la dévotion pour Dieu et Son peuple en tuant Goliath au nom du Seigneur.

Alors David dit au Philistin : Tu viens à moi avec une épée, et avec une lance et un bouclier ; mais moi, je viens à toi au nom du SEIGNEUR des armées, ***le Dieu des armées d'Israël, à qui vous as lancé un défi.*** Aujourd'hui le SEIGNEUR te livrera en ma main ; et je te frapperai, et je t'ôterai la tête, et je donnerai les cadavres du camp des Philistins ce jour aux oiseaux dans l'air et aux animaux sauvages de la terre ; afin que toute la terre sache qu'il y a un Dieu en Israël. Et toute cette assemblée saura que le SEIGNEUR ne sauve ni par l'épée, ni par la lance ; car la bataille est au SEIGNEUR, et il vous livrera entre nos mains.

1 Samuel 17 :45-47

13. Faites preuve de votre capacité à développer des relations intimes et étroites avec les gens et avec vos collègues ministres, tout comme David développa une relation étroite avec Jonathan.

Et il arriva, lorsque David eut achevé de parler à Saul, que l'âme de ***Jonathan fut intriquée à l'âme de David, et Jonathan l'aima comme son âme.*** Et, Saul le prit ce jour-là, et ne lui permit pas de retourner dans la maison de son père. Alors Jonathan et David firent alliance parce qu'il l'aimait comme son âme. Et Jonathan se dépouilla de la robe qui était sur lui, et la donna à David, ainsi que ses vêtements, et jusqu'à son épée, et son arc et sa ceinture.

1 Samuel 18 :1-4

14. Faites preuve de votre capacité à développer des engagements à vie avec vos collègues, tout comme David conclut une alliance à vie avec Jonathan.

Alors ***Jonathan et David firent alliance*** parce qu'il l'aimait comme son âme.

1 Samuel 18 :3

15. Montrez votre capacité à gérer l'autorité et la promotion en vous comportant sagement quand vous vous trouvez à des postes importants.

Et David allait partout où Saul l'envoyait et se comportait avec sagesse ; et Saul l'établit sur les hommes de guerre ; et il fut accepté aux yeux de tout le peuple, et même aux yeux des serviteurs de Saul.

1 Samuel 18 :5

16. Gagnez une réputation parmi les fidèles qui vous sera utile et vous recommandera pour l'ordina-tion, tout comme ce fut le cas pour David.

Et il arriva comme ils revenaient, quand David retournait après avoir tué le Philistin, que les femmes sortirent de toutes les villes d'Israël, chantant et dansant, à la rencontre du roi Saul, avec des tambourins, avec joie, et avec des instruments de musique ; Et les femmes s'entre répondaient tandis qu'elles jouaient, et disaient : Saul a tué ses mille, et David ses dix mille.

1 Samuel 18 :6-7

17. Survivez à la jalousie des ministres plus âgés, tout comme le fit David.

Et il arriva comme ils revenaient, quand David retournait après avoir tué le Philistin, que les femmes sortirent de toutes les villes d'Israël, chantant et dansant, à la rencontre du roi Saul, avec des tambourins, avec joie, et avec des instruments de musique ; Et les femmes s'entre répondaient tandis qu'elles jouaient, et disaient : Saul a tué ses mille, et David ses dix mille. ***Et Saul fut fort irrité, et cette parole lui déplut et il dit : Elles ont donné à David dix mille, et à moi elles ne m'ont donné que mille ; et que peut-il avoir de plus que le royaume ? Et depuis ce jour-là, Saul avait l'œil sur David.***

1 Samuel 18 :6-9

18. Survivez à la colère ardente de celui qui a autorité sur vous, tout comme le fit David.

Et il arriva, le lendemain, que l'esprit malin de Dieu vint sur Saul, et il prophétisait au milieu de la maison, et David jouait de sa main, comme les autres fois, et il y avait un javelot dans la main de Saul. ***Et Saul jeta le javelot, car il disait : Je frapperai David et le mur. Et David s'esquiva de sa présence par deux fois.***

1 Samuel 18 :10-11

19. Survivez aux tentatives de vous retirer de votre ministère, tout comme le fit David.

Et il arriva, le lendemain, que l'esprit malin de Dieu vint sur Saul, et il prophétisait au milieu de la maison, et David jouait de sa main, comme les autres fois, et il y avait un javelot dans la main de Saul. ***Et Saul jeta le javelot, car il disait : Je frapperai David et le mur. Et David s'esquiva de sa présence par deux fois.***

1 Samuel 18 :10-11

20. Témoignez de la plus haute forme de sagesse en évitant les hommes de Dieu qui vous tentent en vous poussant à les critiquer.

Et Saul parla à Jonathan, son fils, et à tous ses serviteurs, pour qu'ils tuent David ;

Mais Jonathan, le fils de Saul, aimait beaucoup la compagnie de David ; et Jonathan le rapporta à David, disant : ***Saul, mon père, cherche à te faire tuer ; maintenant donc, je te prie, tiens-toi sur tes gardes jusqu'au matin, et demeure en quelque lieu secret, et cache-toi :***

1 Samuel 19 :1-2

21. Témoignez de sagesse en courant vers des endroits sûrs dans le ministère pour y trouver confort, sécurité, onction, direction et rétablissement, tout comme David courut vers Samuel.

Ainsi David s'enfuit, et s'échappa, et alla vers Samuel à Ramah, et lui raconta tout ce que Saul lui avait fait. Et lui et Samuel allèrent demeurer à Naioth. Et on le rapporta à Saul, disant : Voici David est à Naioth, en Ramah. Et Saul envoya des messagers pour prendre David, et quand ils virent une assemblée de prophètes qui prophétisait, et Samuel se tenant là qui présidait sur eux, l'Esprit de Dieu vint sur les messagers de Saul, et ils prophétisèrent aussi.

1 Samuel 19 :18-20

22. Acceptez la volonté de Dieu pour changer de lieu, tout comme David accepta de devenir un fugitif pendant de nombreuses années.

Et il arriva au matin, que Jonathan sortit aux champs, au moment assigné avec David ; et un petit garçon avec lui ;

Et il dit à ce garçon : Cours, trouve donc les flèches que je vais tirer. Et comme le garçon courait, Jonathan tira une flèche au-delà de lui.

Et quand le garçon vint jusqu'au lieu où était la flèche que Jonathan avait tirée, Jonathan cria après le garçon, et lui dit la flèche n'est-elle pas au-delà de toi ?

Et Jonathan cria après le garçon : Vite, hâte-toi, ne t'arrête pas. Et le garçon de Jonathan ramassa les flèches, et vint vers son maître.

Mais le garçon ne savait rien ; seuls Jonathan et David connaissaient l'affaire.

Et Jonathan donna ses armes au garçon qu'il avait, et lui dit : Va, porte-les à la ville.

Et dès que le garçon partit, David se leva d'où il était, vers le Sud, et tomba son visage contre terre, et s'inclina trois fois ; et ils s'embrassèrent l'un l'autre, et pleurèrent tous deux, jusqu'à ce que David soit épuisé.

ET JONATHAN DIT À DAVID : VA EN PAIX, PUISQUE NOUS AVONS JURÉ TOUS DEUX, AU NOM DU SEIGNEUR, EN DISANT : LE SEIGNEUR SERA ENTRE MOI ET TOI, ET ENTRE MA SEMENCE ET TA SEMENCE POUR TOUJOURS. Et David se leva et s'en alla, et Jonathan rentra dans la ville.

1 Samuel 20 :35-42

Chapitre 33

Comment un fils spirituel devient berger

Pour cette raison je vous ai envoyé Timothée, qui est mon fils bien-aimé et fidèle dans le Seigneur ; il vous rappellera mes chemins à la mémoire lesquels est en Christ, comme j'enseigne partout dans chaque église.

1 Corinthiens 4 :17

Timothée est le meilleur exemple d'un fils spirituel devenu pasteur. C'est la relation de père à fils avec Timothée qui a donné à l'Apôtre Paul l'autorité et la liberté de lui écrire comme il l'a fait. L'apôtre Paul dit librement à Timothée quoi faire et comment le faire. Quand vous parlez à votre propre enfant, vous vous sentez libre de dire tout ce que vous avez sur le cœur.

C'est une grande bénédiction que nous ayons les livres 1 Timothée et 2 Timothée dans lesquels l'Apôtre conseille librement son fils spirituel. La filiation spirituelle de Timothée l'éleva à un niveau élevé de direction et d'influence qui émanait de l'apôtre. Timothée doit avoir montré à l'apôtre qu'il voulait être engendré et enseigné. Timothée doit également avoir encouragé l'apôtre Paul à lui enseigner autant qu'il le pouvait. Timothée a dû avoir hâte d'apprendre. Ceci inspira Paul de conseiller Timothée dans les moindres détails, même en lui disant ce qu'il devait prêcher (2 Timothée 2 :2).

Il a dû y avoir d'autres personnes que l'apôtre a élevées et auxquelles il ne dit pas toutes ces choses. Par exemple, Diotrèphe résista à l'influence de l'apôtre Jean, et Jean écrivit à ce sujet dans sa troisième épître : « J'ai écrit à l'église ; mais Diotrèphe, qui aime à être le premier parmi eux, ne nous reçoit pas » (3 Jean 9).

Quand un ministre n'accepte plus la parole de l'apôtre, il se prête au jugement. Au lieu de recevoir une nouvelle onction, il reçoit le jugement : « Celui qui me rejette et ne reçoit pas mes paroles, celui qui juge : la parole que j'ai dite, celle la même le jugera au dernier jour » (Jean 12 :48).

Il est important que vous fassiez preuve des importantes caractéristiques de la filiation. Cela vous ouvrira les bénédictions d'un père. Cela suscitera l'onction et le don de l'apôtre sur vous. Développez les signes qui démontrent la filiation. Ils vous ouvriront des bénédictions incroyables.

1. Vous devez démontrer l'esprit enseignable d'un fils.

Quand vous serez enseignable, on vous apprendrez beaucoup de choses que vous ne saviez pas. Un enseignant sent toujours la présence d'un « je-sais-tout ». Les enseignants reconnaissent toujours la résistance et le refus d'apprendre.

> **Mais toi continue dans LES CHOSES QUE TU AS APPRISES, et dont tu as été convaincu, sachant de qui tu les as apprises ;**
>
> **2 Timothée 3 :14**

2. Vous devez démontrer l'attitude d'un fils qui suit le flot.

> **Car je n'ai PERSONNE AYANT LA MÊME FAÇON DE PENSER, qui prendra sincèrement soin de votre état.**
>
> **Philippiens 2 :20**

« Suivre le flot » signifie dix choses différentes.

1. Un fils qui suit le flot a une âme ***sœur***.
2. Un fils qui suit le flot a une attitude ***semblable*** à son père spirituel. Si le père aime gagner les âmes, il aime aussi gagner les âmes.
3. Un fils qui suit le flot a ***la même vision*** des choses.
4. Un fils qui suit le flot est ***compatible*** avec son père.
5. Un fils qui suit le flot ***comprend*** les problèmes de son père.
6. Un fils qui suit le flot est ***sympathique*** envers les difficultés de son père.

7. Un fils qui suit le flot est ***agréable et non contentieux ou plein de discussions.***
8. Un fils qui suit le flot est ***en harmonie*** avec la vision et les idées de son père.
9. Un fils qui suit le flot est ***amical et relationnel***.
10. Un fils qui suit le flot est ***sociable***. Cela signifie qu'il peut être votre compagnon lors de votre cheminement. Certaines personnes ne sont pas de bonnes compagnies. Elles n'ont rien à dire sur rien. Toutes leurs pensées sont à l'intérieur.

3. **Vous devez démontrer l'attitude aimante d'un vrai fils.** Le regard d'un fils est plein d'amour et de bienveillance pour son père.

   Car je n'ai personne ayant la même façon de penser, QUI PRENDRA SINCÈREMENT SOIN de votre état.

   Philippiens 2 :20

4. **Vous devez démontrer l'attitude d'un fils serviteur.**

   Car tous cherchent leurs propres intérêts, et non ceux de Jésus Christ. Mais vous connaissez quelle épreuve il a subie, et que tel un fils avec son père, IL A SERVI AVEC MOI dans l'évangile.

   Philippiens 2 :21-22

5. **Vous devez démontrer la loyauté d'un fils.** Un fils est fidèle même dans les moments difficiles. C'est votre fidélité dans les moments difficiles qui prouve votre filiation.

   Car tous cherchent leurs propres intérêts, et non ceux de Jésus Christ. Mais vous connaissez quelle épreuve il a subie, et que TEL UN FILS AVEC SON PÈRE, il a servi avec moi dans l'évangile.

   Philippiens 2 :21-22

6. **Vous devez démontrer la capacité de passer par des épreuves qui prouvent que vous êtes un fils.** Avec le temps, différentes situations se présenteront pour prouver si vous êtes un vrai fils. Vous serez éprouvé dans votre capacité d'être

ouvert, humble et docile. Vous serez également éprouvé dans votre capacité de suivre jusqu'au bout.

Car tous cherchent leurs propres intérêts, et non ceux de Jésus Christ. MAIS VOUS CONNAISSEZ QUELLE ÉPREUVE IL A SUBIE, et que tel un fils avec son père, il a servi avec moi dans l'évangile.

Philippiens 2 :21-22

7. **Vous devez démontrer l'attitude d'un enfant.** Un enfant fait très confiance alors que les adultes sont réticents et méfiants.

   Car tous cherchent leurs propres intérêts, et non ceux de Jésus Christ. Mais vous connaissez quelle épreuve il a subie, et que TEL UN FILS AVEC SON PÈRE, il a servi avec moi dans l'évangile.

   Philippiens 2 :21-22

8. **Vous devez montrer votre filiation en vous assurant que le travail de votre père est perpétué.**

   ET NOUS AVONS ENVOYÉ TIMOTHÉE, NOTRE FRÈRE, et ministre de Dieu, et notre compagnon d'œuvre dans l'évangile de Christ, POUR VOUS AFFERMIR, et vous encourager concernant votre foi :

   1 Thessaloniciens 3 :2

   Un fils spirituel s'assure que ce que son père a commencé est établi. Paul se donna beaucoup de mal pour établir des églises. Il voyagea dans tout le monde connu pour gagner les âmes perdues et construire des églises. Son fils spirituel était prêt à se donner autant de mal pour établir le travail de son père. Un vrai fils voudrait voir que tout ce que son père a commencé continue de croître. Ceux qui ne sont pas de vrais fils se moquent de ce que la vision et le travail de longue haleine de leur père deviennent. Remarque comment Timothée sortit pour établir ce que Paul avait commencé.

9. **Vous devez montrer votre filiation en vous assurant que les paroles de votre père sont gardées et obéies.** Après le départ d'un fondateur ou d'un père, il y a toujours des gens qui essaient de changer ce qu'il a dit et fait. Un vrai fils se bat pour que les doctrines et les philosophies de son père soient établies. Son principal souci n'est pas d'écrire aussi un livre, mais de veiller à ce que les livres qui ont été écrits soient enseignés et compris.

Comme je t'implorai, de rester à Éphèse, lorsque je partis pour la Macédoine, afin que TU RECOMMANDES À CERTAINS DE NE PAS ENSEIGNER UNE AUTRE DOCTRINE,

1 Timothée 1 :3

Et les choses que tu as entendues de moi, en présence de beaucoup de témoins, COMMETS-LES À DES HOMMES FIDÈLES, qui seront capables d'enseigner aussi les autres.

2 Timothée 2 :2

10. **Vous devez montrer votre filiation en ayant le même niveau de zèle que votre père.** On demanda à Tite de prêcher avec la même passion, le même accent et la même autorité. Quelqu'un qui n'est pas un fils ne parlera pas sur le même sujet que son père, il ne parlera pas non plus de ces choses avec la même passion et la même autorité que son père. Ceux qui ne sont pas de vrais fils parleront sur d'autres sujets avec autorité.

DIS CES CHOSES, et exhorte, et reprends avec toute pleine autorité. Que personne ne te méprise.

Tite 2 :15

Chapitre 34

Les domaines principaux que le berger doit développer

1. LES BERGERS DOIVENT DÉVELOPPER LA CAPACITÉ DE SE BATTRE.

Le ministère est un honorable service de Dieu. Cependant, être dans le ministère implique également la réalité de servir dans une campagne militaire. Le ministère est la même chose que le fait d'être en guerre. Vous devenez la cible d'un ennemi qui vous hait. Vous devenez l'objet de discussions des esprits mauvais dont le seul but est d'éteindre votre lumière. Vous devez apprendre à vous battre et à vous battre bien. Ne laissez pas tomber et ne vous vous retirez pas! La guerre est si importante que j'ai écrit tout un livre sur le sujet.

> **Le commandement que je t'adresse, Timothée, mon enfant, selon les prophéties faites précédemment à ton sujet, c'est que, d'après elles, tu combattes le bon combat;**
>
> **1 Timothée 1 :18**

2. LES BERGERS DOIVENT DÉVELOPPER LEUR CONSCIENCE.

> **Or la fin du commandement est la charité, qui procède d'un cœur pur, et d'une bonne conscience, et d'une foi sincère :**
>
> **1 Timothée 1 :5**

La conscience est la douce petite voix qui parle de l'intérieur et vous avertit au sujet du bien et du mal. Je ne peux pas vraiment dire, si la conscience est la voix de l'esprit ou la voix de l'âme. Mais ce que je sais, c'est que c'est le clignotant avertisseur de « l'intérieur » qui vous permet de savoir quand vous faites quelque chose de mal.

Avoir une bonne conscience est comme avoir un système d'alerte sensible profondément en vous. Si vous mettez de côté ce système d'alerte, vous vous exposerez à des dangers indescriptibles.

Le récent tsunami en Asie a pris le monde par surprise et laissé des centaines de milliers de morts. La raison du nombre énorme de décès fut l'absence de système d'alerte en eau profonde. Depuis ce tsunami, des systèmes d'avertissement spéciaux ont été développés dans la mer à une grande profondeur, pour capter les signes de danger et transmettre des avertissements à des bureaux à des milliers de kilomètres.

Ce système d'alerte des tsunamis devrait aider dans le cas d'un autre tremblement de terre massif. Dans le cas du tsunami, il est facile de voir combien de personnes auraient pu échapper si elles avaient été averties cinq minutes avant. C'est pourquoi Dieu a mis nos consciences en nous, afin que nous puissions être avertis par l'Esprit Saint.

Comme le système d'alerte des tsunamis, la conscience peut être plus ou moins sensible. Plus elle est sensible, plus vous vous trouverez très souvent confesser vos péchés et prier pour la miséricorde de Dieu. Moins le système d'alerte est sensible, moins vous confesseras de choses.

Si vous avez une conscience flétrie ou endurcie, vous ne confesserez pas souvent vos péchés. Si vous avez une conscience endurcie, vous vous considérerez juste. Les péchés répétés conduisent aussi à une conscience endurcie. « Parce que la sentence contre les mauvaises œuvres ne s'exécute pas promptement, c'est pourquoi le cœur des fils des hommes est plein de l'envie de faire le mal » (Ecclésiastes 8 :11).

Gardant la foi et une bonne conscience, quelques-uns l'ayant rejetée, ont fait naufrage quant à la foi ; De ceux-là sont Hyménée et Alexandre, que j'ai livrés à Satan, afin qu'ils apprennent à ne pas blasphémer.

1 Timothée 1 :19-20

Comme vous pouvez le voir dans le passage biblique ci-dessus, Hyménée et Alexandre mirent de côté une bonne conscience et leur foi fit naufrage. Mettre à part un système d'alerte sensible est une chose dangereuse à faire. Vous devez faire attention à maintenir une bonne conscience toute votre vie. Il est préférable d'être trop apologétique plutôt que d'être trop juste. « Ne soit pas trop vertueux droit à l'excès, et ne soit pas trop sage ; pourquoi te détruirais-tu ? » Ecclésiastes 7 : 16).

3. LES BERGERS DOIVENT DÉVELOPPER LA PIÉTÉ.

Mais toi, ô homme de Dieu, fuis ces choses, et poursuis droiture, piété, foi, amour, patience et soumission.

1 Timothée 6 :11

Les pasteurs doivent se développer pour ressembler davantage à Dieu. Jéhovah-Adonaï incarne de magnifiques caractéristiques spirituelles telles que la justice, la sainteté, la foi, l'amour, la patience et la douceur. Ces qualités ne semblent pas très puissantes, ni même attrayantes. Mais ce sont les choses les plus importantes à développer dans votre vie spirituelle.

Dieu est en fait à l'œuvre en nous pour nous transformer à l'image de Son Fils. Notre destin n'est pas le succès et la renommée. *Notre destin est de nous transformer à l'image de Dieu.* Lisez votre Bible attentivement et découvrez votre destin prédestiné. « Car ceux qu'il a connus d'avance, il les a aussi prédestinés à être conformes à l'image de son Fils, afin qu'il puisse être le premier-né parmi beaucoup de frères » (Romains 8 :29).

4. LES BERGERS DOIVENT POURSUIVRE DES OBJECTIFS SPIRITUELS.

Mais toi, ô homme de Dieu, fuis ces choses, et poursuis droiture, piété, foi, amour, patience et soumission.

1 Timothée 6 :11

Le mot « poursuivre » est traduit du mot grec « dioko ». Ce mot est traduit par « poursuivre » et évoque le fait de vous consacrer à quelque chose et de le poursuivre ardemment.

La plupart des pasteurs ont des objectifs physiques ou naturels. Les sujets de nos prières révèlent cette réalité. Nous prions rarement pour des choses spirituelles comme l'humilité, l'amour et la sainteté. Nous prions souvent pour des choses tangibles comme l'argent ou la croissance en nombre. Vous remarquerez que l'apôtre Paul prie au contraire pour des choses spirituelles telles que l'esprit de sagesse et de révélation (Éphésiens 1 :17).

Il prie pour qu'ils connaissent l'amour de Dieu (Éphésiens 3 :18). Ces sujets apparemment abstraits sont les choses les plus importantes. Ils produisent des fruits bien plus importants et sont beaucoup plus pertinents que vous le croyez. En grandissant dans le Seigneur, je me suis trouvé à prier de plus en plus pour ce genre de choses.

Je ne priais pas pour de telles choses spirituelles au début de ma vie chrétienne et de mon ministère. Maintenant, je sens mon besoin désespéré de ces choses spirituelles. En fait, vous pourriez penser que les pasteurs poursuivraient naturellement les choses spirituelles. Au contraire, nos poursuites révèlent notre esprit charnel et notre prière révèle nos poursuites.

5. LES BERGERS DOIVENT POURSUIVRE LEURS DONS.

On considère les gens doués comme des hommes qui ont une grâce spéciale sur leur vie. Cela peut être vrai, mais en général, les gens les plus « doués » sont ceux qui travaillent le plus durement. Ils s'exercent davantage, ils se préparent davantage et ils investissent davantage dans le domaine de leur don. Une analyse en gros plan d'une personne apparemment douée vous amènera toujours à une question difficile : *« Cette personne est-elle vraiment douée ou est-ce simplement qu'elle travaille très dur ? »*

Si vous examinez la vie de pianistes doués, de golfeurs, de joueurs de football, etc., vous découvrirez les longues heures et le travail acharné qu'ils font ce qu'ils sont. C'est pourquoi l'Écriture nous enseigne à développer nos talents.Vous pourrez croire qu'une fois vous êtes doué, le travail ne serait plus nécessaire. Au contraire, votre don est la raison pour laquelle vous devez travailler dur.

Consacrez-vous entièrement au développement de votre don. Travaillez dur et investissez dans les dons que Dieu vous a donnés.

> **Ne néglige pas le don qui est en toi, qui t'a été donné par prophétie, par l'imposition des mains du conseil des anciens. Médite ces choses, donne-toi entièrement à elles, afin que tes progrès soient évidents à tous.**
>
> **1 Timothée 4 :14-15**

6. LES BERGERS DOIVENT DÉVELOPPER LA LOYAUTÉ.

Le travail pastoral consiste à conduire les gens et à les guider dans la volonté de Dieu. Les gens ont tendance à devenir déloyaux. Les mauvais esprits dans l'atmosphère poussent constamment les gens à se révolter contre Dieu et Ses serviteurs. Malheureusement, de nombreux ministres ne comprennent pas ce sujet très important.

Vous n'établirez jamais un grand ministère à moins d'avoir beaucoup de gens loyaux qui vous aident. On doit approfondir la compréhension de la loyauté. On doit sérieusement étudier une connaissance superficielle des principes qui gouvernent le comportement humain et le développement de la loyauté des fidèles. Se contenter de faire peur aux gens avec des avertissements contre la déloyauté ne rendra pas les gens loyaux. Déverser des malédictions sur les gens s'ils osent être déloyaux ne rendra pas non plus vos fidèles loyaux.

Une caractéristique fondamentale du diable est un intrépide manque de respect. Satan n'a aucun respect pour l'autorité. L'esprit de révolte ne se soucie pas de savoir qui vous êtes ni quel rang vous avez. Avec intrépidité, il remet en question l'autorité et pousse les traîtres à s'élever contre les plus hauts dirigeants.

Vous devez étudier la loyauté et devenir loyal vous-même ! Vous devez développer des styles de leadership qui engendrent la loyauté ! Vous devez développer des enseignements qui introduisent la connaissance de la loyauté et mettent en garde contre la déloyauté !

Ô Timothée, garde ce qui t'a été confié, évitant les bavardages profanes et vains, et les oppositions d'une science faussement ainsi nommée :

1 Timothée 6 : 20

7. *LES PASTEURS DOIVENT DÉVELOPPER LEUR CAPACITÉ D'ÊTRE DES EXEMPLES.*

Être un exemple pour votre troupeau est aussi important que lui enseigner la Parole de Dieu. En fait, les gens apprennent plus de l'exemple que vous donnez que des enseignements que vous leur donnez.

La vie d'un pasteur est constamment sous surveillance. Les membres de l'église observent son mariage. Les gens évaluent sa maison. Beaucoup s'intéressent de près à la voiture qu'il conduit. Beaucoup posent les questions suivantes: « Quelle marque de voiture conduit-il ? Où vit-il ? Que mange-t-il ? Qui sont ses amis ? D'où vient son argent ? Où est-il ? »

Que personne ne méprise ta jeunesse ; mais soyez un exemple pour les croyants, en paroles, en conduite, en charité, en esprit, en foi, en pureté.

1 Timothée 4 :12

Il y a deux raisons inexprimées de ce genre de surveillance. La première raison est que beaucoup cherchent l'occasion de critiquer un mauvais exemple donné par le pasteur. L'autre raison est que beaucoup de gens veulent le suivre.

Vous serez surpris de voir combien de gens suivent la façon de s'habiller et de se coiffer d'un pasteur, ainsi que la marque de sa voiture et d'autres aspects mineurs de sa vie. Les pauvres regardent l'exemple du pasteur pour voir s'il accepte les gens comme eux dans l'église. Les riches regardent aussi l'exemple du pasteur pour voir si les riches sont bienvenus.

Développez l'art d'être un bon exemple. Vous devez accepter que votre appel pastoral vous limite pour le reste de votre vie. Vous ne pourrez pas faire certaines choses si vous voulez être un bon exemple. Souvenez-vous toujours que l'art d'être un bon exemple est différent de votre ministère d'enseignement, qui fixe des principes à suivre par vos brebis.

L'exemple de Christ par lequel Il prit Sa croix et donna Sa vie dit beaucoup plus que Ses enseignements « Car c'est à cela que vous êtes appelés, parce que Christ aussi a souffert pour nous, nous laissant un exemple, afin que vous suiviez ses pas » (1 Pierre 2 :21). Cet exemple sacrificiel a inspiré et amené de nombreuses personnes à faire de même.

8. LES PASTEURS DOIVENT DÉVELOPPER UNE ATTITUDE « À FOND ».

> **Jusqu'à ce que je vienne occupe-toi à la lecture, à l'exhortation, à la doctrine. Ne néglige pas le don qui est en toi, qui t'a été donné par prophétie, par l'imposition des mains du conseil des anciens. Médite ces choses, DONNE-TOI ENTIÈREMENT À ELLES, afin que tes progrès soient évidents à tous.**
>
> **1 Timothée 4 :13-15**

Vous consacrer entièrement à votre ministère est aussi important que d'être appelé. Il y a certaines choses qui ne marchent pas à moins de les faire en s'y consacrant « à fond ».

Mon ministère fut transformé de façon spectaculaire quand je m'y consacrai entièrement. Je vous recommande de vous consacrer à part entière à l'œuvre de l'église.

Si vous êtes un pasteur qui voyage loin de votre église, la plupart du temps vous ne vous consacrez pas entièrement à votre ministère pastoral. Vous êtes en fait un pasteur à temps partiel. Si vous ne nourrissez pas votre congrégation régulièrement, vous ne vous consacrez pas entièrement à votre ministère pastoral. Il est temps de vous consacrez entièrement à votre appel.

Jetez-vous en lui. Allez-y à fond. Vous verrez de grandes améliorations dans votre ministère.

Chapitre 35

Comment un jeune peut devenir berger

Que personne ne méprise ta jeunesse ; mais sois un exemple pour les croyants, en paroles, en conduite, en charité, en esprit, en foi, en pureté.

1 Timothée 4 :12

Les pasteurs doivent développer leur confiance malgré leur jeunesse. Votre jeunesse pourrait être votre plus grand avantage dans le ministère. Mais elle est souvent considérée comme un grand handicap. Il y a beaucoup de raisons pour lesquelles la jeunesse est méprisée et les suivantes ne sont que quelques-unes d'entre elles.

Six raisons pour lesquelles les jeunes sont méprisées

1. **Les jeunes font l'expérience de fortes pulsions sexuelles qui ne cessent de leur rappeler leur manque de sainteté.** Le monde mystérieux de la sexualité ainsi que le désir de le découvrir, est une importante source de confusion pour les jeunes. Ce sentiment leur ôte toute confiance dans les matières liées à Dieu.

   Les désirs sexuels constants, les érections, les rêves, les pollutions nocturnes, les rencontres sexuelles, ainsi que l'intérêt pour tout ce qui est pornographique, les films, les romans à l'eau de rose, etc., tout sert à ôter la confiance d'un jeune. C'est pourquoi les jeunes se méprisent facilement eux-mêmes et permettent aux autres de les mépriser.

2. **La crainte de l'échec est une grande source de confusion pour le jeune.** Ces craintes sont alimentées par le manque

de connaissance du jeune, par son manque d'expérience et, pire que tout, par ses désirs de jeune. Les craintes peuvent éloigner un jeune de sa vocation. Elles peuvent l'amener à rester éloigné des desseins de Dieu.

3. **Les jeunes sont conscients de leur manque de connaissances.** Évidemment, vous acquerrez plus de connaissances en grandissant. Le jeune peut être tout à fait conscient du fait qu'il ne connait pas grand-chose.

4. **Les jeunes savent qu'ils manquent d'expérience.** Après avoir découvert que la vie ne suit pas une voie logique, les jeunes qui ont un peu de sagesse deviennent conscients de leur manque d'expérience. Ils ont alors tendance à respecter les personnes qui ont de l'expérience. Le diable chuchote : « Vous ne l'avez jamais fait », « Vous ne l'avez jamais vu ».

5. **Les jeunes manquent de maturité.** La maturité naît d'une combinaison de connaissances et d'expérience. Il se développe une certaine douceur chez celui qui a à la fois des connaissances et de l'expérience. Ses décisions sont tempérées à la fois par « les faits » et l'histoire. Un jeune sait souvent qu'il lui manque le privilège de ces deux choses.

6. **Les jeunes sont pleins de zèle débridé.** Ils peuvent défendre des causes que l'homme mûr ne considérerait pas. Ils poursuivent des causes dont l'homme mûr sait qu'elles ne réussiront jamais. La personne mûre regarde le jeune homme zélé : il s'occupe de problèmes anciens non résolus par de meilleures personnes. Les jeunes sont considérés comme des personnes très passionnées mais sans expérience.

   C'est pour ces raisons que Paul demande au jeune pasteur Timothée de ne permettre à personne de mépriser sa jeunesse.

Sept raisons pour lesquelles les jeunes sont utiles au ministère

Il y a aussi des raisons pour lesquelles les jeunes sont particulièrement utiles au ministère.

1. **Les jeunes sont spéciaux et utiles parce que Jésus Christ était jeune quand Il commença Son ministère.** Timothée était aussi jeune, mais Il fut grandement utilisé par le Seigneur.

2. **Les jeunes sont utiles au ministère parce qu'ils ont beaucoup de zèle.** Les personnes plus âgées sont souvent fatiguées et découragées à propos de beaucoup de choses.

3. **Les jeunes sont particulièrement utiles parce qu'ils ont plus de foi dans la Parole de Dieu et dans l'homme de Dieu.** Notre vie et notre ministère dépendent de notre foi. Sans la foi, il est impossible de Lui plaire.

4. **Les jeunes sont utiles parce que leur pulsion sexuelle est en réalité signe de la force nécessaire pour faire le travail du Seigneur.** Habituellement, l'absence de pulsion sexuelle révèle l'absence d'énergie dans d'autres domaines. Les désirs et les pulsions sexuelles, bien qu'effrayants, sont en réalité signes de quelque chose de bon.

5. **Les jeunes sont particulièrement utiles parce qu'ils n'ont pas beaucoup de problèmes financiers.** Les soucis du monde sont beaucoup moins nombreux quand on est jeune. Les responsabilités que les gens ont dans la vie les accablent vraiment et les transforment en âmes lasses et fatiguées.

6. **Les jeunes sont particulièrement utiles parce qu'ils n'ont pas d'enfants à s'occuper.** Élever des enfants impose de nombreuses exigences sur les parents. Les jeunes découvrent que le rendement de leur vie baisse de façon spectaculaire quand ils ont des enfants.

7. **Les jeunes sont particulièrement utiles à Dieu parce qu'ils auront assez de temps pour commencer et terminer les commandements de Dieu sur leur vie.** Le vrai ministère prend souvent toute ta vie. Même une vie de soixante-dix ans ne suffit pas pour accomplir beaucoup. Combien pensez-vous pouvoir accomplir si vous commencez votre ministère quand vous avez cinquante ans ? Les jeunes peuvent faire beaucoup plus pour Dieu parce qu'ils commencent tôt.

Sept moyens par lesquels les jeunes peuvent développer leur confiance

1. **Les jeunes peuvent gagner en confiance en lisant beaucoup.** La connaissance vient en lisant.

   Jusqu'à ce que je vienne occupe-toi à la lecture, à l'exhortation, à la doctrine.

   1 Timothée 4 :13

2. **Les jeunes peuvent développer leur confiance en écoutant des CD et en regardant des vidéos.**

3. **Les jeunes peuvent devenir sages en étudiant l'histoire.** Ils peuvent acquérir toute la connaissance empirique en étudiant l'histoire. Les personnes plus âgées qui n'ont pas étudié l'histoire peuvent être également limitées, parce que leurs expériences personnelles sont toujours limitées.

4. **Les jeunes peuvent développer leur confiance en priant pour la sagesse.**

5. **Les jeunes peuvent développer leur confiance en apprenant des pères plus âgés et expérimentés.**

6. **Les jeunes peuvent développer leur confiance en s'entourant de sages conseillers.**

7. **Les jeunes peuvent développer leur confiance à partir des erreurs commises par des gens qui sont juste devant eux.** Les erreurs de quelqu'un qui est juste devant vous révèlent le lieu des pièges. Elles vous montreront quoi éviter à l'avenir.

Troisième partie

LE CŒUR DU BERGER

Chapitre 36

Le cœur comme centre de votre ministère

Le cœur humain est une grosse pompe située au centre du corps. Nous savons que le cœur est essentiellement une pompe. Mais nous savons aussi que le cœur est au centre du corps humain. Le mot « cœur » est traduit du mot hébreu « *labab* » et souligne le fait que le cœur est au centre du corps.

L'Écriture se concentre davantage sur le fait que le cœur est le « noyau le plus intime » d'une personne plutôt que sur le fait qu'il s'agisse d'une pompe. C'est pourquoi le mot « cœur » est utilisé dans des expressions anglaises telles que « le cœur de la mer », « le cœur du ciel », « le cœur d'un arbre » et « le cœur de la terre ».

Qu'est-ce que le centre de votre ministère ?

1. La ***meilleure partie*** de quelque chose
2. La ***partie la plus essentielle*** d'un objet
3. La ***partie la plus vitale*** de quelque idée ou expérience.
4. L'objet sur lequel ***l'intérêt et l'attention se concentrent.***
5. Le centre d'une chose évoque ***la fondation d'une chose.***
6. Un lieu où ***une activité particulière est concentrée***
7. Le centre d'une ***formation militaire ou navale***
8. Le centre ***spirituel de votre vie.***
9. Le ***point central*** autour duquel les événements se déroulent.
10. Le ***noyau*** autour duquel les choses tournent.

C'est pourquoi le cœur est si important. Nous savons tous que les bases déterminent le résultat final. C'est pourquoi le résultat du ministère de quelqu'un est déterminé par son cœur.

En raison de notre caractère humain, nous avons tendance à négliger le cœur et à évaluer par des choses extérieures. Mais les aspects extérieurs sont beaucoup moins déterminants que le cœur caché de l'homme. Le centre de la vie et du ministère de tout homme est son cœur. C'est du centre d'une chose que les problèmes surgissent. C'est pourquoi de nombreuses capitales du monde sont situées au centre de leur pays. Par exemple, Rome, Madrid, Tokyo, Bogota, Brasilia et Abuja sont à peu près au centre de leur pays respectif. La destinée d'un pays est souvent déterminée à partir de son centre. Plusieurs passages bibliques soulignent la révélation que *le cœur* d'une chose est *le centre* autour duquel elle tourne.

1. Le cœur de la mer. Cela évoque la partie la plus intérieure et la plus profonde de la mer.

   Et par le souffle de vos narines, les eaux se sont assemblées ; les flots se tinrent droits comme une digue ; et les profondeurs ont gelé AU CŒUR (*labab*) DE LA MER.

   Exode 15 :8

2. Le milieu du ciel. Cela évoque la partie la plus intérieure, secrète et intime du ciel.

   Et vous vous êtes approchés, et vous vous êtes tenus au pied de la montagne ; et la montagne brûlait par le feu, jusqu'AU MILIEU (*labab*) DU CIEL, avec assombrissement, nuages, et une profonde obscurité.

   Deutéronome 4 :11

3. Le milieu du chêne. Cela évoque votre cœur et le noyau de l'arbre.

   Alors Joab dit : Je n'attendrai pas ainsi avec toi. Et il prit trois fléchettes dans sa main, et les enfonça dans le

cœur d'Absalon, qui était toujours en vie AU MILIEU (*labab*) DU CHÊNE.

2 Samuel 18 :14

4. Le cœur de la terre. Cela évoque la partie la plus intérieure et la plus profonde de la terre

   Car comme Jonas a été trois jours et trois nuits dans le ventre de la baleine, ainsi le Fils de l'homme sera trois jours et trois nuits dans LE CŒUR (*labab*) DE LA TERRE.

   Matthieu 12 :40

5. Le cœur de votre vie est le centre de votre vie.

   Et la paix de Dieu qui surpasse toute intelligence, gardera vos CŒURS et vos pensées par Christ Jésus.

   Philippiens 4 :7 (King James Française)

   Avant que tu le saches, un sentiment de la plénitude de Dieu, un sentiment que tout se met en place pour de bon, t'envahira et t'apaisera. C'est merveilleux ce qui arrive quand le Christ ôte l'inquiètes de AU CENTRE DE TA VIE.

   Philippiens 4 :7 (The Message Bible – Bible paraphrasée)

Vous pouvez peut-être comprendre maintenant pourquoi la Bible nous enseigne à garder notre cœur en toute diligence. Si le cœur est la partie la plus importante d'une chose, il n'est pas étonnant qu'il doive être gardé avec tant de zèle. « Garde votre cœur avec beaucoup d'empressement, car de lui sont les issues de la vie » (Proverbes 4 :23).

Chapitre 37

Comment comprendre le cœur spirituel en le comparant au cœur humain

1. **Le cœur humain est situé au centre de la poitrine.** Cela nous montre que le cœur spirituel est situé au centre des pensées, des paroles, des actions et du ministère de la personne. Le cœur d'une personne est la fondation même de son ministère. C'est pourquoi le cœur est si important. Tout ce qu'une personne réalise dépend de son cœur. Tout ce que vous devenez dépend de votre cœur.

2. **Le cœur humain est gros comme un poing serré.** En d'autres termes, votre cœur est aussi grand que votre main. Qu'est ce que cela veut dire? Cela montre que les œuvres de vos mains ne seront que de la taille de votre cœur. Plus votre cœur est grand, plus votre main est grande. **Si vous avez un cœur plus grand, vous pourrez accomplir des œuvres plus grandes avec vos mains.** Il est temps que vous permettez à Dieu de travailler sur votre cœur pour que vous puissiez accomplir de plus grandes œuvres. La « grandeur » du ministère de quelqu'un est déterminée par la « grandeur » de son cœur.

3. **Le cœur humain contient du sang, qui contient tous les éléments nutritifs.** Ces éléments nutritifs proviennent de ce que vous mangez. Ceci nous montre que votre cœur est affecté par ce que vous absorbez. **Le contenu de votre cœur spirituel est composé de ce que vous entendez et recevez.** Beaucoup de choses entrent dans votre cœur après qu'elles aient été dans votre esprit pour un temps. Vous devez permettre aux bonnes choses d'entrer dans votre cœur. Vous devez aussi empêcher aux mauvaises choses d'entrer dans votre cœur.

4. **Le cœur humain fonctionne en recevant puis en donnant du sang.** Ce fait montre comment la vie d'une personne est affectée par le cœur. C'est le sang qui est reçu dans le cœur

qui est envoyé du cœur. Une personne reçoit du sang dans son cœur qui lui-même procure du sang frais et vivifiant au reste du corps. Cela veut dire que ce que vous laissez entrer dans votre cœur est ce que vous redonnerez en fin de compte.

5. **Le cœur humain envoie le sang dans les parties les plus reculées et lointaines du corps.** Cela montre comment le cœur spirituel affecte les aspects les plus éloignés et les plus infimes de votre vie. **Chaque petit aspect de votre vie est en quelque sorte affecté par ce qui se trouve dans votre cœur.** C'est pourquoi le cœur est si important, car il affecte tout ce qui vous concerne.

6. **Le cœur de l'homme procure la vie à tout le corps en envoyant le sang oxygéné vers toutes les parties du corps.** Ceci nous montre que le cœur d'une personne est ce qui dispense la vie, la joie et la paix. La partie vivifiante de votre ministère est votre cœur.

7. **Lorsque le contenu du cœur humain est contaminé, la contamination est envoyée et affecte tout le corps.** De même, lorsque le cœur spirituel est pollué par quelque forme de mal que ce soit, cette souillure est envoyée vers le reste du corps. L'amertume est un bon exemple de quelque chose de mal qui peut entrer dans le cœur. Il est facile de voir une personne dont le cœur est rempli d'amertume et de rancune. Son cœur envoie cette amertume vers le reste de son ministère, et ceci est évident au regard averti. Quand il parle, on sent l'amertume. Quand il prêche, cela ressort. Faites attention à ce que vous laissez entrer dans votre cœur.

8. **Le cœur de l'homme tombe malade quand il a un régime alimentaire riche en graisses.** Ceci nous montre que le cœur d'un pasteur tombe malade quand il reçoit trop de messages sur la richesse. Le corps du Christ a développé des problèmes cardiaques par l'abondance d'enseignements sur la prospérité.

9. **Le cœur humain est plus enclin à la maladie dans un corps qui reçoit peu d'exercice.** Cette vérité nous montre comment le cœur spirituel tombe malade quand il a beaucoup reçu de

la Parole mais ne l'a pas mis en pratique. De même, le cœur spirituel est plus enclin à la maladie chez une personne ayant peu d'occasion de pratiquer ce qu'elle sait. Le manque de travail missionnaire, le manque d'évangélisation et le manque d'activités sociales ont causé des problèmes cardiaques dans le corps du Christ.

10. **Le cœur humain est plus enclin à la maladie dans un corps qui absorbe de l'alcool.** De même, le cœur spirituel est affecté par des substances intoxicantes telles que les plaisirs de ce monde, qui multiplient les tromperies et les illusions dans notre vie.

Chapitre 38

Pourquoi le cœur du berger est important

Garde votre cœur avec beaucoup d'empressement, car DE LUI SONT LES ISSUES DE LA VIE.

Proverbes 4 :23

1. **Le cœur du pasteur est important en raison du ferme avertissement à le garder.** Tout ce qui est fortement gardé est important. Le degré de sécurité autour d'un bâtiment révèle combien il est sensible et important. Le ferme avertissement dans la Bible à protéger le cœur révèle combien il est important.

   GARDE TON CŒUR avec beaucoup d'empressement, car de lui sont les issues de la vie.

   Proverbes 4 :23

   Avant tout, GARDE TES AFFECTIONS, car elles influencent tout le reste de ta vie.

   Proverbes 4 :23 (The Living Bible)

2. **Le cœur du pasteur est important, parce que c'est la source de tout son ministère.**

   Garde ton cœur avec beaucoup d'empressement, car DE LUI SONT LES ISSUES DE LA VIE.

   Proverbes 4 :23

3. **Le cœur du pasteur est important, parce que c'est la source de tous les problèmes et issues.** La plupart des problèmes que nous avons émanent du cœur. C'est pourquoi les problèmes doivent être résolus au niveau du cœur. Souvent, les problèmes sont résolus superficiellement sans s'occuper du cœur. C'est pourquoi les problèmes persistent indéfiniment.

Garde ton cœur avec beaucoup d'empressement, car DE LUI SONT LES ISSUES DE LA VIE.

Proverbes 4 :23

4. **Le cœur du pasteur est important, parce qu'il influence tout le reste de sa vie.**

   Avant tout, garde tes affections, CAR ELLES INFLUENCENT TOUT LE RESTE DE TA VIE.

   Proverbes 4 :23 (The Living Bible)

5. **Le cœur du pasteur est important, parce qu'il est la source de la vie.** Si votre ministère est plein de vie, c'est parce que votre cœur est plein de vie.

   Par-dessus tout, surveille ton cœur, car IL EST LA SOURCE DE LA VIE.

   Proverbes 4 :23 (La Bible Parole de Vie)

6. **Le cœur du pasteur est important, parce que c'est un élément « inconnaissable ».** Nous ne connaissons même pas notre propre cœur. Il est difficile de savoir ce qui est dans votre propre cœur. Comme il est important de scruter votre cœur jusqu'à ce que vous soyez sûr de ce qu'il y est ! Pourrait-il y avoir de mauvaises choses à l'œuvre dans mon cœur et qui m'affectent négativement ?

   Le cœur est trompeur par-dessus toutes choses, et désespérément mauvais ; QUI PEUT LE CONNAÎTRE ?

   Jérémie 17 :9

   Sonde-moi, ô Dieu, et CONNAIS MON CŒUR ; ÉPROUVE-MOI, et connais mes pensées :

   Psaume 139 :23

7. **Le cœur du pasteur est important, parce que c'est une boîte aux trésors qui contient beaucoup de bonnes choses.** Un trésor est une collection d'objets précieux et parfois

anciens. Le cœur a une collection de choses importantes et de grande valeur, qui s'y trouvent depuis longtemps. Le cœur est caché à notre vue bien qu'il contienne beaucoup de choses précieuses. Tel est le cœur d'un pasteur. Il contient les ingrédients précieux qui peuvent le faire ou le briser.

Un homme bon tire de bonnes choses du BON TRÉSOR DE SON CŒUR ; mais l'homme mauvais tire de mauvaises choses du mauvais trésor.

Matthieu 12 :35

8. **Le cœur du pasteur est important, parce que c'est aussi une source de beaucoup de mauvaises choses.** Le cœur est la source à la fois de bonnes et de mauvaises choses. Le mal que les hommes font se dégage de leur cœur. Quand le cœur est sauvé et transformé, le flot du mal est endigué.

Car du dedans, DU CŒUR DES HOMMES, SORTENT les mauvaises pensées, les adultères, les fornications, les meurtres, les vols, la convoitise, la perniciosité, la tromperie, l'impudicité, l'œil mauvais, le blasphème, la fierté, la stupidité. Toutes ces choses mauvaises viennent du dedans et corrompent l'homme.

Marc 7 :21-23

9. **Le cœur du pasteur est important, parce qu'il peut être une résidence pour Dieu.** Dieu a choisi d'habiter dans nos cœurs. Cela rend le cœur important. Si Dieu est avec vous, Il est dans votre cœur. Si Dieu vous parle, Il parle à votre cœur. Cela rend votre cœur une place très importante. Ouvrez votre cœur à Jésus. Veillez à ce que personne d'autre n'entre dans votre cœur. Veillez à ce que rien d'autre que Christ n'entre dans votre cœur.

AFIN QUE LE CHRIST PUISSE DEMEURER DANS VOS CŒURS par la foi; afin que vous, étant enracinés et établis dans l'amour

Ephésiens 3 :17

Voici, je me tiens à la porte, et frappe ; si un homme entend ma voix et ouvre la porte, j'entrerai chez lui, et je souperai avec lui, et lui avec moi.

Apocalypse 3 :20

10. **Le cœur du pasteur est important, parce qu'il peut être une résidence pour les démons.** Le cœur peut aussi être une résidence pour les mauvais esprits. Une fois de plus, ceci rend le cœur très important.

Lorsque l'esprit impur est sorti d'un homme, il va par des lieux secs, cherchant du repos, et n'en trouve pas.

Alors il dit : Je retournerai dans ma maison, d'où je suis sorti ; et quand il revient, il la trouve vide, balayée et parée.

Alors il s'en va, ET PREND AVEC LUI SEPT AUTRES ESPRITS PLUS PERNICIEUX QUE LUI, ET ILS Y ENTRENT, et y habitent ; et la dernière condition de cet homme est pire que la première. Il en arrivera ainsi à cette pernicieuse génération.

Matthieu 12 :43-45

Chapitre 39

Développer des cœurs qui suivent le flot

La Bible décrit différents genres de cœurs. Il est important que vous travailliez sur votre cœur afin que vous développiez le bon genre de cœur. Sans le bon genre de cœur, vous ne pouvez pas accomplir grand-chose pour le Seigneur. Parce que le cœur est au centre de votre ministère, il déterminera le résultat de tout ce que vous faites.

1. **Développez un cœur bien disposé. Un cœur bien disposé est un cœur enclin à céder à une chose**

   Parle aux enfants d'Israël, pour qu'ils m'amènent une offrande. Vous prendrez mon offrande de tout homme DONT LE CŒUR ME LA DONNERA VOLONTAIREMENT.

   Exode 25 :2

2. **Développez un cœur incité. Un cœur incité est un cœur excité et touché au point d'exprimer une émotion.**

   Et QUICONQUE DONT LE CŒUR L'Y INCITA, et quiconque dont l'esprit était bien disposé, vint et apporta l'offrande du Seigneur, pour l'œuvre du tabernacle de la congrégation, et pour tout son service, et pour les saints vêtements.

   Exode 35 :21

3. **Développez un cœur souple. Un cœur souple est un cœur compatissant et bienveillant. Un cœur souple est un cœur conciliant.**

   Car Dieu A ASSOUPLI MON CŒUR, et le Tout-Puissant m'afflige :

   Job 23 :16

4. **Développez un cœur d'entretien. Un cœur d'entretien est un cœur avec lequel vous pouvez intimement vous entretenir. C'est un cœur qui est dans un état de réceptivité à Dieu intime et accrue.**

Soyez rempli du plus grand respect, et ne péchez pas, ENTRETENEZ-VOUS EN VOTRE CŒUR sur votre lit, et soyez tranquilles.

Psaume 4 :4

5. **Développez un cœur de cire. Un cœur de cire est un cœur malléable. C'est aussi un cœur qui a adopté une caractéristique, une qualité ou un état déterminé.**

Je suis répandu comme de l'eau, et tous mes os sont déjoints ; MON CŒUR EST COMME LA CIRE, il se fond dans mes entrailles.

Psaume 22 :14

6. **Développez un cœur brûlant. Un cœur brûlant est un cœur qui éprouve une forte émotion ou désir.**

Alors il leur dit : Ô insensés et d'un cœur lent à croire tout ce que les prophètes ont prononcé.

Ne fallait-il pas que Christ souffre ces choses, et qu'il entre dans sa gloire ?

Et commençant par Moïse et par tous les prophètes, il leur exposa, dans toutes les écritures, les choses le concernant.

Et ils approchèrent du village où ils allaient, et il faisait comme s'il voulait aller plus loin.

Mais ils le contraignirent, disant : Reste avec nous ; car le soir approche, et le jour est bien avancé. Et il entra pour rester avec eux.

Et il arriva que, comme il était à table avec eux, il prit du pain et le bénit, et le rompit, et le leur donna.

Alors leurs yeux furent ouverts, et ils le reconnurent ; et il disparut de devant eux. Et ils se dirent l'un l'autre :

NOTRE CŒUR NE BRÛLAIT-IL PAS AU-DEDANS DE NOUS, pendant qu'il nous parlait en chemin, et pendant qu'il nous ouvrait les Écritures ?

Luc 24 :25-32

7. **Développez UN cœur avec ceux qui sont appelés par Dieu. C'est un cœur qui est en accord avec les frères et qui leur est uni.**

Et la multitude, de CEUX QUI CROYAIENT, N'ÉTAIT QU'UN CŒUR et qu'une âme ; et nul ne disait que les choses qu'il possédait étaient à lui; mais ils avaient toutes choses en commun.

Actes 4 :32

8. **Développez un cœur ouvert. Un cœur ouvert est un cœur qui donne l'accès à Dieu. C'est un cœur qui n'est pas protégé, fermé ou scellé. Ce genre de cœur est bien disposé et prêt à prendre les choses en considération. C'est un cœur disponible et prêt à être utilisé par Dieu.**

Et une certaine femme, nommée Lydie, marchande de pourpre, de la ville de Thyatire, qui adorait Dieu, nous écoutait ; et LE SEIGNEUR LUI OUVRIT LE CŒUR, pour qu'elle soit attentive aux choses dont Paul parlait.

Actes 16 :14

9. **Développez un cœur obéissant. Un cœur obéissant est un cœur qui se conforme scrupuleusement aux commandements et instructions de Dieu. C'est un cœur soumis à l'autorité et à la volonté du Père.**

Mais remercions Dieu, de ce que vous étiez asservis au péché, MAIS VOUS AVEZ OBÉI DE CŒUR à cette forme de doctrine qui vous a été donnée.

Romains 6 :17

10. Développez un cœur ferme. Un cœur ferme est un cœur fermement fixé, stable et immobile. C'est un cœur loyal et inébranlable.

> NÉANMOINS CELUI QUI TIENT FERME DANS SON CŒUR, ne ressentant aucune nécessité, mais qui a pouvoir sur sa propre volonté, et qui en a décidé en son cœur de garder sa virginité, fait bien.
>
> 1 Corinthiens 7 :37

Chapitre 40

Éviter un cœur inflexible

La Bible décrit également différents genres de cœurs obstinés. Il est important que vous travaillez sur votre cœur, afin d'éviter d'avoir un cœur inflexible. Sans le bon genre de cœur, vous ne pouvez pas accomplir grand-chose pour le Seigneur. Parce que le cœur est au centre de votre ministère, il déterminera le résultat de tout ce que vous faites. Vous devez absolument éviter d'avoir un cœur inflexible. Comme vous le découvrirez, les cœurs inflexibles font partie des cœurs les plus laids que vous puissiez jamais avoir.

1. **Évitez un cœur endurci. Un cœur endurci est un cœur sans passion qui n'est pas facile à pénétrer. Un cœur endurci ne cède pas, même sous pression.**

   Et le SEIGNEUR dit à Moïse : Quand tu t'en iras pour retourner en Égypte, veille à faire tous ces prodiges que j'ai mis dans ta main devant Pharaon ; MAIS J'ENDURCIRAI SON CŒUR, et il ne laissera pas partir le peuple.

   Exode 4 :21

2. **Évitez un cœur rebelle. Un cœur rebelle est un cœur qui a tendance à défier, à résister et à s'opposer au contrôle et à l'autorité**

   MAIS CE PEUPLE A UN CŒUR RÉCALCITRANT ET REBELLE ; ils se sont révoltés, et sont partis.

   Jérémie 5 :23

3. **Évitez un cœur de pierre. Un cœur de pierre est un cœur froid et insensible qui fait preuve de résistance impassible aux influences extérieures. Un cœur de pierre n'a pas de sentiments tendres.**

   Et je leur donnerai un même cœur, et je mettrai un esprit nouveau au-dedans de vous ; ET J'ÔTERAI DE LEUR

CHAIR LE CŒUR DE PIERRE, et je leur donnerai un cœur de chair :

Ézéchiel 11 :19

4. **Évitez un cœur orgueilleux. Un cœur orgueilleux, c'est un cœur hautain et vaniteux.**

   Je retrancherai celui qui médite en secret de son voisin ; JE NE POURRAI SUPPORTER CELUI QUI A LE REGARD HAUTAIN ET UN CŒUR ORGUEILLEUX.

   Psaume 101 :5

5. **Évitez un cœur obscurci. Un cœur obscurci est un cœur qui manque de lumières, de connaissances ou de culture. C'est un cœur sinistre et mauvais.**

   Parce qu'ayant connu Dieu, ils ne l'ont pas glorifié comme Dieu, ni ne lui ont été reconnaissants mais sont devenus vains dans leurs imaginations, et LEUR CŒUR INSENSÉ A ÉTÉ OBSCURCI.

   Romains 1 :21

6. **Évitez un cœur incrédule. Un cœur incrédule est un cœur qui est sceptique et remet en question.**

   Prenez garde, frères, DE PEUR QU'AUCUN DE VOUS N'AIT UN MAUVAIS CŒUR D'INCRÉDULITÉ, en abandonnant le Dieu vivant.

   Hébreux 3 :12

Chapitre 41

Développer un cœur sain

La Bible décrit différents genres de cœurs. Il est important que vous travailliez sur votre cœur, afin de développer un cœur sain. Sans le bon genre de cœur, vous ne pouvez pas accomplir grand-chose pour le Seigneur. Parce que le cœur est au centre de votre ministère, il déterminera le résultat de tout ce que vous faites.

1. **Développez un cœur qui pardonne. Un cœur qui pardonne est un cœur capable de faire preuve de miséricorde.**

   Ainsi de même mon Père céleste vous fera, SI VOUS NE PARDONNEZ PAS chacun de vous, de tout votre cœur, à son frère ses fautes.

   Matthieu 18 :35

2. **Développez un cœur pur. Un cœur pur est un cœur exempt de tout ce qui corrompt. C'est un cœur pur et chaste, exempt de tout ce qui contamine.**

   CELUI QUI A LES MAINS NETTES ET UN CŒUR PUR, qui n'a pas élevé son âme vers la vanité, ni ne jure faussement.

   Psaume 24 :4

3. **Développez un cœur parfait. Un cœur parfait est un cœur absolument sans faute, défaut ou imperfection.**

   Tous, hommes de guerre, qui pouvaient garder leur rang, VINRENT AVEC UN CŒUR PARFAIT à Hébron, pour établir David roi sur tout Israël ; et tout le reste d'Israël était d'un seul cœur pour établir David roi.

   1 Chroniques 12 :38

4. **Développez un cœur droit. Un cœur droit se caractérise par une forte rectitude morale. C'est un cœur honnête et honorable.**

   MES PAROLES SERONT SELON LA DROITURE DE MON CŒUR ; et mes lèvres prononceront le savoir clairement.

   Job 33 :3

5. **Développez un cœur vivant. Un cœur vivant est un cœur en vie et toujours en service actif.**

   Les humbles le verront et s'égaieront ; et VOTRE CŒUR VIVRA, vous qui cherchez Dieu.

   Psaume 69 :32

6. **Développez un cœur sain. Un cœur sain est un cœur en bonne condition, exempt d'imperfections, de défauts ou de dégâts.**

   UN CŒUR SAIN EST LA VIE DE LA CHAIR, mais l'envie est la pourriture des os.

   Proverbes 14 :30

7. **Développez un cœur nouveau. Un cœur nouveau est un cœur qui vient de naître par la puissance de Dieu. C'est un cœur frais qui est amené à remplacer l'ancien avec ses vieilles habitudes.**

   C'est pourquoi je vous jugerez chacun selon ses chemins, Ô maison d'Israël, dit le Seigneur DIEU. Repentez-vous, et détournez-vous de toutes vos transgressions, afin que l'iniquité ne soit pas pour vous votre ruine.

   Rejetez loin de vous toutes les transgressions dont vous vous êtes rendus coupables, et FAITES-VOUS UN CŒUR NOUVEAU et un esprit nouveau ; car pourquoi mourriez-vous, Ô maison d'Israël ?

Car je ne prends pas plaisir à la mort de celui qui meurt, dit le Seigneur DIEU ; c'est pourquoi, tournez-vous et vivez.

Ézéchiel 18 :30-32

8. **Développez un cœur irréprochable. Un cœur irréprochable est un cœur qui n'est ni mauvais, ni méchant ni nuisible, en aucune façon.**

Que jusqu'à la fin IL PUISSE AFFERMIR VOS CŒURS IRRÉPROCHABLES dans la sainteté devant Dieu, notre Père, à la venue de notre Seigneur Jésus Christ avec tous ses saints.

1 Thessaloniciens 3 :13

9. **Développez un cœur aspergé de sang. Un cœur aspergé de sang est un cœur purifié par la puissance de Dieu.**

Approchons-nous avec un cœur vrai, en pleine assurance de foi, AYANT NOS CŒURS PAR ASPERSION purifiés d'une mauvaise conscience, et nos corps lavés d'eau pure.

Hébreux 10 :22

10. **Développez un cœur pur et sanctifié. Un cœur pur et sanctifié est un cœur qui a été rendu saint et affranchi du péché ou de la culpabilité.**

PUISQUE QUE VOUS AVEZ PURIFIÉ VOS ÂMES en obéissant à la vérité, par l'Esprit, pour avoir un amour sincère des frères, AIMEZ-VOUS LES UNS LES AUTRES D'UN CŒUR PUR, avec ferveur :

1 Pierre 1 :22

Chapitre 42

Être guéri de cœurs malades

Il y a en effet de nombreux genres de problèmes cardiaques. Il est important que vous travailliez sur votre cœur, afin que vous soyez guéri de maladies cardiaques. Sans avoir un cœur qui fonctionne normalement, vous ne pouvez pas accomplir grand-chose pour le Seigneur. Ceux qui ont un cœur malade sont incapables de faire quoique ce soit. Chaque maladie de votre cœur se manifestera dans votre ministère.

1. **Soyez guéri d'un cœur séduit. Un cœur séduit est un cœur trompé qui a accepté ce qui est faux comme vrai ou valide.**

   PRENEZ GARDE À VOUS, AFIN QUE VOTRE CŒUR NE SOIT PAS SÉDUIT, et que vous ne vous détourniez, et ne serviez d'autres dieux, et que vous les adoriez ;

   Deutéronome 11 :16

2. **Soyez guéri d'un cœur qui ne perçoit pas. Un cœur qui ne perçoit pas est un cœur incapable de comprendre beaucoup de choses. Il n'arrive pas à reconnaître, à discerner ou à comprendre les choses de Dieu.**

   CEPENDANT LE SEIGNEUR NE VOUS A PAS DONNÉ UN CŒUR POUR PERCEVOIR, ni des yeux pour voir, ni des oreilles pour entendre jusqu'à ce jour.

   Deutéronome 29 :4

3. **Soyez guéri d'un cœur gras et graisseux. Un cœur gras et graisseux est un cœur bête et stupide.**

   LEUR CŒUR EST AUSSI GRAS QUE LA GRAISSE ; mais je me plais dans ta loi.

   Psaume 119 :70

4. **Soyez guéri d'un cœur amer. Un cœur amer est un cœur âpre et sarcastique. Un cœur amer se manifeste aussi en montrant d'une grande aversion ou d'un ressentiment envers certaines personnes.**

   LE CŒUR CONNAÎT SA PROPRE AMERTUME, et un étranger ne se mêle pas à sa joie.

   Proverbes 14 :10

   Et ils se rendront complètement chauves à cause de toi ; ils se ceindront de sacs, et PLEURERONT SUR TOI AVEC AMERTUME DE CŒUR et avec une complainte amère.

   Ézéchiel 27 : 31

5. **Soyez guéri d'un cœur blessé. Un cœur blessé est un cœur blessé ou souffrant d'une blessure. Les événements qui ont eu lieu ont brisé le cœur de ces personnes.**

   Car je suis pauvre et malheureux, et MON CŒUR EST BLESSÉ AU-DEDANS DE MOI.

   Psaume 109 :22

6. **Soyez guéri d'un cœur faible. Un cœur faible est déficient et manque de force et vigueur. C'est un cœur fragile et susceptible de se briser ou de s'effondrer sous la pression ou la tension.**

   COMME TON CŒUR EST FAIBLE, dit le Seigneur DIEU, puisque tu aies fait toutes ces choses, l'œuvre d'une maîtresse prostituée. En ce que tu bâtisses ton lieu éminent à chaque grande rue, et fasses ton haut lieu dans chaque rue, et tu n'aies pas été comme une prostituée, en ce que tu dédaignes un salaire ;

   Ézéchiel 16 :30-31

7. **Soyez guéri d'un cœur engraissé. Un cœur engraissé n'est pas raffiné et manque de sensibilité ou de discernement.**

   CAR LE CŒUR DE CE PEUPLE S'EST ENGRAISSÉ ; et ils sont devenus sourds, ils ont fermé leurs yeux, de peur qu'ils ne voient qu'avec leurs yeux, et qu'ils n'entendent qu'avec leurs oreilles, et qu'ils ne comprennent qu'avec leur cœur, et qu'ils ne se convertissent, et que je ne les guérisse.

Matthieu 13 :15

8. **Soyez guéri d'un cœur qui convoite. Un cœur qui convoite est plein de convoitise et de cupidité ou motivé par elles. C'est un cœur lubrique et libidineux constamment préoccupé par des pensées et désirs sexuels.**

C'EST POURQUOI JE LES AI ABANDONNÉS AUX CONVOITISES DE LEURS CŒURS ; et ils ont marché selon leurs conseils.

Psaume 81 :12

9. **Soyez guéri d'un cœur adultère. Un cœur adultère est un cœur infidèle.**

CAR C'EST DU CŒUR QUE VIENNENT les mauvaises pensées, les meurtres, LES ADULTÈRES, les fornications, les vols, les faux témoignages, les blasphèmes :

Matthieu 15 :19

10. **Soyez guéri d'un cœur aveugle à Dieu. Ce cœur ne peut ni ne veut voir, percevoir et comprendre les choses de Dieu.**

Ayant leur compréhension obscurcie, étant détachés de la vie de Dieu par l'ignorance qui est en eux, À CAUSE DE L'AVEUGLEMENT DE LEUR CŒUR :

Éphésiens 4 :18

11. **Soyez guéri d'un cœur accablé. Un cœur accablé est un cœur complètement accablé par des émotions et circonstances.**

Du bout de la terre je crierai à toi, QUAND MON CŒUR EST ACCABLÉ ; CONDUIS-MOI SUR LE ROC QUI EST PLUS HAUT QUE MOI.

Psaume 61 :2

12. Soyez guéri d'un cœur prostitué. Un cœur prostitué est un cœur mécontent et vagabond qui recherche le plaisir du monde.

Et ceux qui se seront échappés de vous se souviendront de moi, parmi les nations où ils seront emmenés captifs, PARCE QUE JE SUIS BRISÉ PAR LEUR CŒUR PROSTITUÉ, qui s'est détourné de moi, et avec leurs yeux qui se sont prostitués après leurs idoles ; et ils se détesteront en eux-mêmes pour tous les maux qu'ils auront commis dans toutes leurs abominations.

Ézéchiel 6 :9

Chapitre 43

Développer un cœur encourageant

Vous pouvez développer un cœur encourageant. Avec un cœur encourageant, vous pouvez accomplir beaucoup de choses pour le Seigneur.

La Bible nous enseigne neuf sortes de cœurs encourageants. Un cœur encourageant est un cœur qui donne de l'espoir.

1. **Développez un cœur de chair. Un cœur de chair est la partie tendre à l'intérieur d'une personne. Il est important que l'intérieur d'une personne soit tendre même si l'extérieur paraît dur.**

   Et je leur donnerai un même cœur, et je mettrai un esprit nouveau au-dedans de vous ; et j'ôterai de leur chair le cœur de pierre, et je leur donnerai **UN CŒUR DE CHAIR**,

   Afin qu'ils marchent selon mes statuts, et gardent mes ordonnances et qu'ils les fassent ; et ils seront mon peuple et je serai leur Dieu.

   Ézéchiel 11 :19-20

2. **Développez un cœur qui a du soin. Un cœur qui a du soin est un cœur qui ressent, se préoccupe et montre de sympathie envers les autres.**

   Mais que les remerciements soient à Dieu qui a mis le même **SOIN SINCÈRE** pour vous **DANS LE CŒUR DE TITE.**

   2 Corinthiens 8 :16

3. **Développez un cœur qui chante. Un cœur qui chante est un cœur qui donne constamment une mélodie au Seigneur. Un cœur qui chante est aussi un cœur joyeux.**

   Parlant à vous-même par des psaumes, des hymnes et des cantiques spirituels, chantant **ET FAISANT UNE MÉLODIE EN VOTRE CŒUR** au Seigneur ;

   Éphésiens 5 :19

4. **Développez un cœur sensible. Un cœur sensible est un cœur qui montre de la chaleur et de l'affection envers les autres, surtout envers les plus faibles, les plus pauvres et ceux qui sont dans le besoin.**

   PARCE QUE TON CŒUR A ÉTÉ SENSIBLE, et que tu t'es humilié devant Dieu, quand tu as entendu ses paroles contre ce lieu et contre ses habitants; parce que tu t'es humilié devant moi, et que tu as déchiré tes vêtements, et que tu as pleuré devant moi, moi aussi, j'ai entendu, dit le **SEIGNEUR.**

   2 Chroniques 34 :27

5. **Développez un cœur qui proclame. Un cœur qui proclame est un cœur qui fait connaître l'Évangile au public. Quelqu'un dont le cœur proclame parle haut et fort de ce qu'il croit.**

   MON CŒUR RÉDIGE UN BON PROPOS ; JE PARLE DE CHOSES que j'ai fais concernant le roi ; ma langue est la plume d'un écrivain habile.

   Psaume 45 :1

6. **Développez un cœur joyeux. Un cœur joyeux est rapide et énergique. Un cœur joyeux fait montre d'un entrain joyeux.**

   UN CŒUR JOYEUX EST COMME UN BON REMÈDE, mais un esprit abattu sèche les os.

   Proverbes 17 :22

7. **Développez un cœur honnête et bon. Une personne au cœur honnête dit toujours la vérité et n'essaie pas de tromper les gens ou de violer la loi. Un cœur honnête dit toute la vérité et donne une opinion sincère, même si elle n'est pas très agréable.**

   Mais ceux tombés dans la bonne terre, ce sont ceux **QUI, AYANT ENTENDU LA PAROLE AVEC UN CŒUR HONNÊTE ET BON,** la retiennent et portent du fruit avec patience.

   Luc 8 :15

8. **Développez un cœur circoncis. Une personne au cœur circoncis a des aspects lâches et non désirés de sa vie coupée.**

   Mais est Juif celui qui l'est au-dedans, **ET LA CIRCONCISION EST CELLE DU CŒUR,** en l'esprit, et non dans la lettre ; lui dont la louange ne vient pas des hommes, mais de Dieu.

   Romains 2 :29

9. **Développez un cœur élargi. Un cœur élargi est un cœur dont la capacité est supérieure à la normale. Une personne au cœur élargi a la capacité d'entrer en relation avec toutes sortes de personnes et de supporter tout genre d'abus, de désagréments, de gênes ou de mauvais traitements.**

   Ô vous Corinthiens, notre bouche est ouverte à vous, **NOTRE CŒUR S'EST ÉLARGI.**

   2 Corinthiens 6 :11

Chapitre 44

Méfiez-vous de ne pas développer un cœur négatif

La Bible décrit également différents genres de cœurs négatifs. Il est important que vous travailliez sur votre cœur, afin que vous évitiez cœur négatif. Sans le bon genre de cœur, vous ne pouvez pas accomplir grand-chose pour le Seigneur. Un cœur négatif au centre de votre ministère dégagera la puissance de Satan dans votre ministère. Penchons-nous sur quatorze différents genres de cœurs négatifs.

1. **Méfiez-vous d'un cœur présomptueux. Un cœur présomptueux est un cœur trop sûr de soi, impertinent, qui va effrontément au-delà de la limite de ce qui est convenable ou acceptable. Un cœur présomptueux assume avec arrogance que les privilèges lui sont dus.**

   Alors le roi Assuérus répondit, et dit à la reine Esther : QUI EST-IL, ET OÙ EST-IL, CELUI QUI A OSÉ PENSER EN SON CŒUR FAIRE AINSI ?

   Esther 7 :5

2. **Méfiez-vous d'un cœur méprisant. Un cœur méprisant est un cœur plein de mépris. Une personne au cœur méprisant regarde les gens de haut et a une piètre opinion des autres.**

   Et que tu ne dises : Comment ai-je haï l'instruction, ET MON CŒUR A-T-IL MÉPRISÉ LA RÉPRIMANDE ;

   Proverbes 5 :12

3. **Méfiez-vous d'un cœur abominable. Un cœur abominable est un cœur détestable. Il contient beaucoup de choses désagréables, choquantes et dégoûtantes.**

   Quand il parle aimablement, ne le crois pas, CAR IL Y A SEPT ABOMINATIONS DANS SON CŒUR.

   Proverbes 26 :25

4. **Méfiez-vous d'un cœur plein de mépris. Un cœur plein de mépris est un cœur plein de malice et motivé par la malveillance.**

   Ainsi dit le Seigneur DIEU : Parce que les Philistins ont agi par vengeance, ET QU'ILS SE SONT VENGÉS AVEC UN CŒUR PLEIN DE MÉPRIS, pour détruire par une haine ancienne ;

   Ézéchiel 25 :15

5. **Méfiez-vous d'un cœur de bête. Un cœur de bête est un cœur méchant et acariâtre. C'est un cœur qui manque de sensibilité humaine.**

   Que son cœur d'homme soit changé, et qu'UN CŒUR DE BÊTE LUI SOIT DONNÉ, et que sept temps passent sur lui.

   Daniel 4 :16

6. **Méfiez-vous d'un cœur inique. Un cœur inique se caractérise par l'injustice et la méchanceté. C'est un cœur mauvais et pécheur.**

   Et si quelqu'un vient me voir, il parle futilement ; SON CŒUR S'AMASSE DE L'INIQUITÉ ; lorsqu' il sort, il en parle.

   Psaume 41 :6

7. **Méfiez-vous d'un cœur méchant. Un cœur méchant est un cœur prédisposé au mal. Un cœur méchant est mauvais et délibérément nuisible aux gens.**

   Oui, EN VOTRE CŒUR, VOUS COMMETTEZ LA MÉCHANCETÉ, vous soupesez de vos mains la violence sur la terre.

   Psaume 58 :2

8. **Méfiez-vous d'un cœur qui convoite. Un cœur qui convoite est un cœur qui a un fort désir d'acquérir et de posséder quelque chose qui appartient à d'autres personnes.**

Ayant les yeux pleins d'adultère, et qui ne peuvent s'arrêter de pécher ; séduisant les âmes instables ; ils ont UN CŒUR EXERCÉ AUX MÉTHODES DE LA CONVOITISE : ENFANTS MAUDITS ;

2 Pierre 2 :14

9. **Méfiez-vous d'un cœur blasphématoire. Un cœur blasphématoire est un cœur grossièrement irrévérencieux envers ce qui est considéré comme sacré. C'est un cœur plein de grossièretés ou de malédictions.**

CAR C'EST DU CŒUR QUE VIENNENT les mauvaises pensées, les meurtres, les adultères, les fornications, les vols, les faux témoignages, LES BLASPHÈMES :

Matthieu 15 :19

10. **Méfiez-vous d'un cœur hypocrite. Un cœur hypocrite est un cœur qui professe des vertus qu'il n'a pas. Un cœur hypocrite prétend avoir des qualités, des croyances et des sentiments qu'il n'a pas vraiment. Le cœur hypocrite est le cœur d'un imposteur.**

MAIS LES CŒURS DES HYPOCRITES AMASSENT LA COLÈRE ; ils ne crient pas quand il les lie.

Job 36 :13

11. **Méfiez-vous d'un cœur trompeur. Un cœur trompeur est un cœur faux et hypocrite. Un cœur trompeur est plein de mensonges. Vous ne pouvez jamais savoir quand il dit la vérité et quand il s'agit d'un mensonge.**

LA TROMPERIE EST DANS LE CŒUR DE CEUX QUI MÉDITENT LE MAL, mais il y a de la joie pour ceux qui conseillent la paix.

Proverbes 12 :20

12. **Méfiez-vous d'un cœur envieux et querelleur. Ce cœur est douloureusement désireux des avantages ou des accomplissements des autres.**

MAIS SI VOUS AVEZ UNE ENVIE AMÈRE, ET LA QUERELLE DANS VOS CŒURS, NE VOUS GLORIFIEZ PAS et ne mentez pas contre la vérité.

Jacques 3 :14

13. **Méfiez-vous d'un cœur mauvais. Un cœur mauvais est un cœur méchant et malveillant. Il se caractérise par la colère et le dépit. Un cœur mauvais est la cause et la source de beaucoup de destructions et de dégâts.**

Et le SEIGNEUR vit que la méchanceté de l'homme était grande sur la terre, et que TOUTE L'IMAGINATION DES PENSÉES DE SON CŒUR N'ÉTAIT QUE CONTINUELLEMENT MAUVAISE.

Genèse 6 :5

14. **Méfiez-vous d'un cœur qui s'élève. C'est un cœur qui se sent bien à cause de ce qu'il est devenu ou de quelque chose qu'il possède. C'est un cœur qui oublie d'où il est sorti. C'est le cœur qui ne se souvient pas de ses humbles débuts.**

Qu'alors TON CŒUR NE S'ÉLÈVE, et que tu n'oublies le SEIGNEUR ton Dieu, qui t'a fait sortir d'Égypte, de la maison de servitude ;

Deutéronome 8 :14

Et le peuple entier le saura, c'est-à-dire Éphraïm et LES HABITANTS DE SAMARIE, QUI DISENT AVEC ORGUEIL ET AVEC UN CŒUR HAUTAIN,

Ésaïe 9 :9

Chapitre 45

Développez un cœur réfléchi

Il est important que vous travailliez sur votre cœur, afin que vous développiez un cœur réfléchi. Un cœur qui médite sur la Parole et réfléchit aux bonnes choses sera un bienfait pour le ministère. Les pensées au centre de votre être affecteront sans aucun doute tout ce que vous faites.

1. **Développez un cœur brisé. Un cœur brisé est un cœur ruiné et sans succès. C'est un cœur qui est passé par un traumatisme et est perturbé, soumis et opprimé.**

   Le SEIGNEUR est près de ceux qui ont **LE CŒUR BRISÉ**, et sauve ceux qui ont un esprit contrit.

   Psaume 34 :18

2. **Développez un cœur intelligent. Une personne au cœur intelligent sait comment les choses fonctionnent. Quelques mots permettent à une personne au cœur intelligent de comprendre ce que vous voulez dire. Une personne au cœur intelligent montre qu'elle comprend ce que quelqu'un ressent. Un cœur intelligent est bon et miséricordieux. Une personne au cœur intelligent n'est pas hostile envers une personne qui a commis une erreur.**

   De manière à rendre ton oreille attentive à la sagesse, et que **TU APPLIQUES TON CŒUR À L'INTELLIGENCE** ;

   Proverbes 2 :2

3. **Développez un cœur qui retient. Un cœur qui retient garde les paroles qui lui sont adressées. Un cœur qui retient garde la possession de toute parole qu'il reçoit et s'accroche à elle. Quand une personne n'a pas un cœur qui retient, des heures de conseil et de prédication sont gaspillées avec elle.**

Il m'enseignait aussi et me disait : **QUE TON CŒUR RETIENNE** mes paroles ; garde mes commandements, et tu vivras.

Proverbes 4 :4

Ne les laisse pas s'écarter de tes yeux ; **GARDE-LES AU FOND DE TON CŒUR.**

Proverbes 4 :21

4. **Un pasteur dont le cœur est dans l'angoisse. Un cœur qui est dans l'angoisse souffre de tristesse, de chagrin et de détresse. Habituellement, une personne au cœur angoissé est en deuil et son cœur est brisé.**

   CAR JE VOUS AI ÉCRIT, DANS UNE GRANDE AFFLICTION ET ANGOISSE DE CŒUR avec beaucoup de larmes ; non pour que vous soyez peinés, mais afin que vous sachiez l'amour si abondant que j'ai pour vous.

   2 Corinthiens 2 :4

5. **Un pasteur au cœur gros. Une personne au cœur gros est triste et abattue. Souvent, ces personnes ont l'air sérieux, profond et complexe.**

   Donnez de la boisson forte à celui qui va périr, **ET DU VIN À CEUX QUI ONT LE CŒUR GROS.**

   Proverbes 31 :6

6. **Développez un cœur peiné. Un cœur peiné est un cœur rempli de grand chagrin. Habituellement, une personne au cœur peiné est misérable, affligée et à l'air abattu. C'est facile de voir un cœur peiné de l'extérieur.**

   Et il arriva au mois de Nisan, en la vingtième année du roi Artaxerxés, que le vin était devant lui, et je pris le vin et le donnai au roi. Or, je n'avais jamais été triste en sa présence.

   C'est pourquoi le roi me dit : Pourquoi ton visage est-il triste, puisque tu n'es pas malade ? Ce n'est rien qu'**UNE PEINE DE CŒUR**. Alors j'ai eu extrêmement peur,

Et je dis au roi : Que le roi vive pour toujours. Pourquoi mon visage ne serait-il pas triste, quand la ville, le lieu des sépulcres de mes pères, est dévastée, et que ses portes sont consumées par le feu ?

Néhémie 2 :1-3

7. **Développez un cœur qui repasse les choses. Un cœur qui repasse les choses réfléchit et médite. Habituellement, une personne dont le cœur repasse les choses considère, pèse et étudie tous les sujets en profondeur.**

   Mais Marie gardait toutes ces choses, et **LES REPASSAIT DANS SON CŒUR.**

   Luc 2 :19

8. **Développez un cœur sage. Un cœur sage se caractérise par la connaissance scientifique. Un cœur sage a le pouvoir de discerner et de juger correctement ce qui est vrai ou juste. Un cœur sage a des informations sur des faits et circonstances pertinents. Habituellement, de telles personnes sont intelligentes, sensibles et pratiques.**

   Il les a remplis de **SAGESSE DE CŒUR**, pour travailler toutes sortes d'ouvrages de graveur, et d'artisan talentueux, et de brodeur, en bleu, en pourpre, en écarlate et en fin lin, et d'ouvrage de tisserand, capables de faire toute sorte de travail, et de ceux qui conçoivent des ouvrages inhabituels.

   Exode 35 :35

Chapitre 46

Luttez contre les cœurs inflexibles

Il y a des cœurs inflexibles qui ne fléchissent jamais, ne cèdent jamais, n'abandonnent jamais, ne disent jamais oui, ne disent jamais non, ne sont jamais d'accord, ne suivent jamais la musique et ne se soumettent jamais. Il est important d'éviter d'avoir un cœur inflexible. Sans le bon genre de cœur, vous ne pouvez pas accomplir grand-chose pour le Seigneur. Parce que le cœur est le centre de votre ministère, il déterminera le résultat de tout ce que vous faites.

1. **Luttez contre un cœur dur comme une pierre. Un cœur de pierre est un cœur qui ne manifeste pas de sympathie ni d'amitié.**

   SON CŒUR EST DUR COMME UNE PIERRE, oui, aussi dur qu'une pierre de meule.

   Job 41 :24

2. **Luttez contre un cœur rétrogradé. Un cœur rétrogradé est un cœur qui a chuté à un niveau inférieur ou moyen. Une personne au cœur rétrogradé, s'est éloignée de Dieu et n'a pas réussi à Le servir comme elle l'a promis et convenu. Habituellement, une personne au cœur rétrogradé a recommencé de faire quelque chose d'indésirable qu'elle avait arrêté de faire auparavant.**

   CELUI DONT LE CŒUR S'ÉLOIGNE DE DIEU SERA RASSASIÉ de ses propres manières, mais l'homme de bien sera rassasié de ce qui est en lui.

   Proverbes 14 :14

3. **Luttez contre un cœur sot. Un cœur sot n'est pas sensible et il manifeste un manque de jugement.**

   Les lèvres des sages répandent la connaissance, mais **LE CŒUR DES SOTS NE FAIT PAS AINSI.**

   Proverbes 15 :7

4. **Luttez contre un cœur qui s'égare. Une personne au cœur qui s'égare s'est détournée du droit chemin.**

   Pendant quarante ans j'ai été attristé par cette génération, et j'ai dit : **C'EST UN PEUPLE DONT LE CŒUR S'ÉGARE**, et ils n'ont pas connu mes chemins :

   Paume 95 :10

5. **Luttez contre un cœur troublé. Un cœur troublé est un cœur inquiet. Un cœur troublé a de nombreux problèmes et conflits qui tourbil-lonnent en lui.**

   QUE VOTRE CŒUR NE SOIT PAS TROUBLÉ croyez en Dieu, croyez aussi en moi.

   Jean 14 :1

6. **Luttez contre un cou raide. Un cœur au cou raide est plein d'orgueil et ne veut pas faire ce que d'autres veulent. Par-dessus tout, un cœur au cou raide ne veut pas faire ce que Dieu veut.**

   VOUS AU COU RAIDE, ET INCIRCONCIS DE CŒUR ET D'OREILLES, vous résistez toujours à l'Esprit Saint ; comme vos pères ont fait, vous le faites aussi.

   Actes7 :51

Chapitre 47

Développez des cœurs optimistes

Soyez positif ! Développez des cœurs optimistes. Attendez-vous à de grandes choses de Dieu. Il est important que vous travailliez sur votre cœur, afin que vous développiez un cœur optimiste. Sans une attitude positive et optimiste, vous ne pourrez pas accomplir grand-chose pour le Seigneur.

1. **Développez un cœur croyant. Un cœur croyant est un cœur qui a accepté et tenu la Parole de Dieu pour de vraie. C'est un cœur qui a la ferme conviction de la réalité et de la bonté de Dieu.**

   Que si tu confesses de ta bouche le Seigneur Jésus, ET QUE TU CROIES DANS TON CŒUR que Dieu l'a ressuscité des morts, tu seras sauvé. Car AVEC LE CŒUR L'HOMME CROIT et parvient à l'impartialité, et avec la bouche la confession est faite pour parvenir au salut.

   Romains 10 :9-10

2. **Développez un cœur fidèle. Un cœur fidèle est un cœur loyal, constant et fiable. Un cœur loyal est stable dans son allégeance et son affection.**

   ET TU TROUVAS SON CŒUR FIDÈLE DEVANT TOI, et tu fis une alliance avec lui, pour donner le pays des Canaanites, des Hittites, des Amorites, des Périzzites, des Jésuites et des Girgashites, pour le donner, dis-je, à sa semence ; et tu as accompli ta parole, car tues droit :

   Néhémie 9 :8

3. **Développez un cœur raffermi. Un cœur raffermi est un cœur incapable d'être changé, ébranlé ou détruit.**

   MON CŒUR EST RAFFERMI, ô Dieu, mon cœur est raffermi ; je chanterai, je dirai des louanges.

   Psaume 57 : 7

4. **Développez un cœur délibéré. Un cœur délibéré est un cœur plein de détermination.**

   MAIS DANIEL DÉLIBÉRA DANS SON CŒUR qu'il ne se souillerait par la portion des mets du roi, ni par le vin qu'il buvait ; c'est pourquoi il demanda au prince des eunuques, afin qu'il ne puisse pas se souiller.

   Daniel 1 :8

5. **Un cœur de pasteurs affermi. Un cœur affermi est un cœur inconditionnellement ferme.**

   Ne soyez pas emportés par des doctrines diverses et étranges ; CAR C'EST UNE BONNE CHOSE QUE LE CŒUR SOIT AFFERMI PAR GRÂCE et non par les aliments, lesquels n'ont rien profité ceux qui s'y sont attachés.

   Hébreux 13 :9

Quatrième partie

RÉALITÉS DU MINISTÈRE

Chapitre 48

Comment élargir votre ministère

Il est possible que votre ministère s'élargisse. Il est possible que tout ce que vous faites prenne une nouvelle dimension. Dieu est capable de vous faire prêcher à plus de personnes. Dieu est capable de vous donner des foules plus nombreuses. Dieu peut vous donner une plus grande congrégation et un plus grand bâtiment. Comment cet élargissement se produira-t-il ? Je veux vous partager sept étapes qui produiront l'élargissement de votre vie et de votre ministère.

Sept étapes pour élargir votre ministère

1. ÉLARGISSEZ VOTRE CŒUR.

Alors tu verras, et conflueras ensemble, TON CŒUR S'ÉTONNERA et S'ÉLARGIRA; parce que l'abondance de la mer se tournera vers toi, et les richesses des Gentils viendront vers toi.

Ésaïe 60 :5

Ô vous Corinthiens, notre bouche est ouverte à vous, NOTRE CŒUR S'EST ÉLARGI.

2 Corinthiens 6 :11

La taille de votre travail dépend de la taille de votre cœur. Il y a quelques années, Dieu toucha mon cœur avec un amour pour la nation du Ghana. À certains moments, je ressentais un amour chaleureux spécial pour la nation du Ghana et sa population. Dieu était en train d'élargir mon cœur pour que mon ministère touche le peuple du Ghana. Après cela, le Seigneur élargit mon ministère pour toucher toute la nation.

À un autre moment dans le ministère, je ressentis dans mon cœur un amour spécial pour les non-Ghanéens. Une fois de plus, le Seigneur touchait mon cœur pour atteindre une communauté non-ghanéenne. Bientôt, je commençai à voir des non-Ghanéens attirés par mon ministère. C'est tellement important que Dieu élargisse votre cœur, sinon vous ne pénétrerez pas certains aspects du ministère.

2. ÉLARGISSEZ VOS PAS.

> **TU AS ÉLARGI MES PAS sous moi, de sorte que mes pieds n'ont pas glissé.**
>
> **2 Samuel 22 :37**

Pour élargir votre ministère, Vous devez également élargir vos pas. Élargir vos pas évoque l'expansion de votre marche avec Dieu. Il vous faudra aller plus profond si vous voulez faire davantage. Vous devez prier davantage, lire davantage votre Bible, écouter davantage de cassettes et CD de prédication, vous imprégner davantage de messages jusqu'à ce que votre ministère s'élargisse.

3. ÉLARGISSEZ VOTRE CONFESSION.

> **Et Hannah pria, et dit : Mon cœur se réjouit dans le SEIGNEUR ; ma corne est exaltée dans le SEIGNEUR ; MA BOUCHE S'EST ÉLARGIE sur mes ennemis ; parce que je me réjouis en votre salut.**
>
> **1 Samuel 2 :1**

Pour élargir votre ministère, Vous devez élargir votre confession. Vous devez dire des choses plus grandes que celles que vous avez dites dans le passé. Vous devez changer votre façon de parler de votre ministère. Vous devez parler de votre ministère comme de quelque chose qui s'élargit et qui est béni.

Vous devez dire de bonnes choses sur vos fidèles, vos pasteurs et vos assistants. Vos confessions plus grandes mèneront à un ministère plus grand. Il fut un temps où je dus changer le nom de notre église parce que son ancien nom était une confession restrictive. J'élargis ma confession et donnai à mon ministère un nom international. Avec l'aide de l'Esprit Saint, cette confession élargie conduisit à un ministère élargi.

Votre confession élargie est la preuve de votre vision plus grande. Votre vision plus grande conduira à un ministère plus grand.

> **Où il n'y a pas de vision, le peuple périt ; mais celui qui garde la loi, heureux est-il.**
>
> **Proverbes 29 :18**

4. ÉLARGISSEZ LA PORTÉE DE VOTRE MINISTÈRE.

> **Ne nous vantant pas de choses outre mesure, c'est-à-dire dans les travaux d'autres hommes ; mais ayant espérance quand votre foi s'accroîtra, que NOUS SERONS ABONDAMMENT ÉLARGIS SELON NOTRE RÈGLE,**
>
> **POUR PRÊCHER L'ÉVANGILE DANS LES RÉGIONS AU-DELÀ DE VOUS ; et sans nous vanter de choses déjà toutes préparées selon la règle d'un autre homme.**
>
> **2 Corinthiens 10 :15-16**

La plupart des gens ont une ligne spécifique de ministère. Vous êtes peut-être pasteur et pas un très bon enseignant. Vous êtes peut-être enseignant, mais pas très enclin au ministère prophétique. Pour élargir votre ministère, il vous faudra peut-être vous aventurer dans d'autres aspects du ministère, y compris des choses que vous avez méprisées jusque là.

En grandissant dans le ministère, j'ai constaté que je me suis élargi dans différentes sphères du ministère.

Je me suis mis à écrire des livres, je me suis mis au travail missionnaire puis à l'évangélisation. Tout cela constituait de nouvelles lignes de ministère. Chaque ligne de ministère apporta par la suite sa propre mesure d'élargissement. L'élargissement vient en s'étendant dans les divers aspects du ministère.

5. ÉLARGISSEZ VOS FRONTIÈRES.

> **Car je déposséderai les nations devant toi, ET**

J'ÉLARGIRAI TES FRONTIÈRES ; et nul ne convoitera ton pays, lorsque tu monteras pour paraître devant le SEIGNEUR ton Dieu trois fois par an.

Exode 34 :24

Quand le SEIGNEUR TON DIEU AURA ÉLARGI TA FRONTIÈRE, comme il te l'a promis, et que tu diras : Je mangerai de la chair, parce que ton âme désire manger de la chair, tu pourras manger de la chair, selon tout le désir de ton âme.

Deutéronome 12 :20

Élargir vos frontières évoque le fait d'aller au-delà de vos limites physiques et géographiques. Certains ministères sont limités aux communautés locales, d'autres aux villes et d'autres à des nations spécifiques. Certains ministères sont régionaux, même mondial. Notre église s'appelait jadis Centre Chrétien de Korle-Bu, mais je sentis que cela nous restreindrait à la communauté de Korle-Bu et je sentis que Dieu nous donnait un ministère plus étendu.

Avec l'aide de l'Esprit Saint, le ministère se développa de ministère d'une communauté à un ministère international.

6. ÉLARGISSEZ VOTRE TERRITOIRE.

Et Jabez appela le Dieu d'Israël, disant : Oh SI TU VOULAIS INDUBITABLEMENT ME BÉNIR ET AGRANDIR MON TERRITOIRE ; et que ta main puisse être avec moi, et si tu voulais me préserver du mal, en sorte que je ne sois pas affligé ! Et Dieu lui accorda ce qu'il avait demandé.

1 Chroniques 4 :10

C'est une bénédiction d'avoir votre territoire élargi. Élargir votre territoire évoque le fait d'élargir votre sphère d'influence. Il se peut que votre ministère ne soit pas physiquement situé dans certains endroits, mais Dieu vous l'a peut-être donné comme territoire d'influence. Par exemple, Kenneth Hagin n'est jamais venu en Afrique occidentale, mais les pays de cette région furent fortement sous l'influence de son ministère.

7. ÉLARGISSEZ VOTRE HABITATION.

> **Élargis le lieu de ta tente, et laisse-les étendre les tentures de tes habitations ; n'épargne rien, allonge tes cordages, affermis tes pieux ;**
>
> **Ésaïe 54 :2**

Élargir votre habitation évoque le fait d'élargir le terrain sur lequel votre tente est plantée. Le passage biblique ci-dessus révèle le commandement d'allonger les cordages et d'affermir les pieux pour une tente élargie. Fondamentalement, l'élargissement de votre habitation évoque l'élargissement de vos préparations pour le ministère.

La préparation a un grand impact sur le résultat de tout ministère. Jésus Christ n'a pas commencé son ministère sans la préparation approfondie de précurseurs comme Jean le Baptiste. Il envoya également soixante-dix personnes en avant de Lui pour préparer le chemin devant Lui. Jésus-Christ croyait beaucoup dans la « préparation ».

Quand vous augmenterez votre préparation pour la prédication et le ministère, l'effet se manifestera dans votre ministère. Il n'y a pas de travail sans bénéfice !

Le ministère de croisade m'a donné une expérience de première main avec le pouvoir des travaux préparatoires intensifs. L'assistance à notre croisade augmenta de façon spectaculaire quand on intensifia et allongea la préparation de la croisade. Quand j'ai appris que Billy Graham passait jusqu'à deux ans pour préparer une seule croisade, je compris l'effet que la préparation avait sur tout ministère.

Chapitre 49

Un berger est une lumière

Et Dieu fit deux grandes lumières ; LA PLUS GRANDE LUMIÈRE pour gouverner le jour, et LA PLUS PETITE LUMIÈRE, pour gouverner la nuit ; il fit aussi les étoiles.

Genèse 1 :16

Dieu créa deux genres de lumières : les plus grandes lumières et les plus petites lumières. Ces lumières devaient gouverner le jour et la nuit. Dans le ministère, il y a aussi de plus grandes lumières et de plus petites lumières. Dieu a créé de plus grandes lumières et de plus petites lumi- ères pour faire briller l'Évangile dans ce monde. Certains ministères sont « de plus grandes » lumières et d'autres sont « de plus petites » lumières.

Le ministère est décrit comme une lumière. Jésus fit souvent référence à Lui-même comme à une lumière. Il rappela aussi à Ses disciples qu'ils devaient être des lumières qui brillent. Les disciples de Jésus allaient être des lumières dans le monde.

1. **JÉSUS CHRIST EST LA PLUS GRANDE LUMIÈRE QUI NE BRILLÂT JAMAIS DANS CE MONDE. Plusieurs fois dans les Évangiles, Il se décrit Lui-même comme la lumière qui était venue dans le monde.**

   Et quittant Nazareth, il alla demeurer à Capharnaüm, qui est au bord de la mer, sur les frontières de Zabulon et de Nephtali ;

   Afin que soit accompli ce qui avait été dit par Ésaïe le prophète, disant :

   La terre de Zabulon et la terre de Nephtali, sur le chemin de la mer, au-delà du Jourdain, Galilée des Gentils.

   Le peuple qui était assis dans l'obscurité, a vu UNE GRANDE LUMIÈRE; et sur ceux qui étaient assis dans la région et dans l'ombre de la mort la lumière s'est levée.

   Matthieu 4 :13-16

En lui était la vie, ET LA VIE ÉTAIT LA LUMIÈRE DES HOMMES. Et la lumière brille dans l'obscurité, et l'obscurité ne l'a pas compris.

Jean 1 :4-5

Celui-là même vint pour être un témoin, pour rendre témoignage de la Lumière, afin que tous les hommes par lui puissent croire. Il n'était pas cette Lumière, mais il était envoyé pour rendre témoignage de cette Lumière, QUI ÉTAIT LA VRAIE LUMIÈRE qui éclaire tout homme qui vient au monde.

Jean 1 :7-9

Et voici la condamnation, QUE LA LUMIÈRE EST VENUE DANS LE MONDE, et les hommes ont mieux aimé l'obscurité que la lumière, parce que leurs œuvres étaient maléfiques.

Jean 3 :19

Puis Jésus leur parla encore, disant : JE SUIS LA LUMIÈRE DU MONDE ; celui qui me suit ne marchera pas dans l'obscurité, mais aura la lumière de la vie.

Jean 8 :12

Tant que je suis dans le monde, JE SUIS LA LUMIÈRE DU MONDE.

Jean 9 :5

Alors Jésus leur dit : LA LUMIÈRE EST ENCORE AVEC VOUS POUR UN PEU DE TEMPS. Marchez pendant que vous avez la lumière, de peur que l'obscurité ne vous surprenne, car celui qui marche dans l'obscurité ne sait où il va.

Pendant que vous avez la lumière croyez en la lumière, afin que vous puissiez être des enfants de lumière. Jésus dit ces choses, et s'en alla et se cacha d'eux.

Jean 12 :35-36

Jésus s'écria et dit : Celui qui croit en moi, ne croit pas en moi, mais en celui qui m'a envoyé. Et celui qui me voit, voit celui qui m'a envoyé. JE SUIS VENU COMME UNE LUMIÈRE dans le monde, afin que quiconque croie en moi ne demeure pas dans l'obscurité.

Jean 12 :35-36

2. **JEAN LE BAPTISTE FUT AUSSI DÉCRIT COMME UNE LUMIÈRE.**

Il n'était pas cette Lumière, mais il était envoyé pour rendre témoignage de cette Lumière.

Jean 1 :8

Il était une lumière flamboyante, et brillante et vous étiez disposés, pour un moment, à vous réjouir en sa lumière.

Jean 5 :35

3. **CHAQUE MINISTRE EST UNE FLAMME BRÛLANTE QUI APPORTE LA LUMIÈRE DANS LE MONDE. Votre ministère est une lumière qui brille dans les ténèbres du monde.**

Que votre lumière brille ainsi devant les hommes, afin qu'ils voient vos bonnes œuvres, et qu'ils glorifient votre Père qui est dans le ciel.

Matthieu 5 :16

Et des anges, il dit : Qui fait ses anges des esprits, et ses ministres une flamme de feu.

Hébreux 1 :7

Chapitre 50

Pourquoi certains sont de plus grandes lumières

Quatre raisons pour lesquelles certains sont de plus grandes lumières

1. **La décision souveraine de Dieu fait de certains de plus grandes lumières**

   Car tu es un peuple saint au SEIGNEUR ton Dieu ; le SEIGNEUR ton Dieu t'a choisi, afin que tu sois pour lui un peuple particulier, au-dessus de tous les peuples qui sont sur la surface de la terre.

   Deutéronome 7 :6

   Cependant le SEIGNEUR a pris plaisir en tes pères, pour les aimer, et il a choisi leur semence après eux, c'est-à-dire toi d'entre tous les peuples, comme il paraît aujourd'hui.

   Deutéronome 10 :15

   Car tu es un peuple saint au SEIGNEUR ton Dieu, et le SEIGNEUR t'a choisi pour lui être un peuple à part, au-dessus de toutes les nations qui sont sur la terre.

   Deutéronome 14 :2

2. **La faveur de Dieu fait de certains de plus grandes lumières.**

   Cependant le SEIGNEUR a pris plaisir en tes pères, pour les aimer, et il a choisi leur semence après eux, c'est-à-dire toi d'entre tous les peuples, comme il paraît aujourd'hui.

   Deutéronome 10 :15

   Quand donc le tour d'Esther, la fille d'Abihail, oncle de Mardochée qui l'avait prise pour sa fille, fut venu, pour entrer vers le roi, elle ne demanda rien, seulement ce qu'avait fixé Hégai, le chambellan du roi, gardien des femmes. Et Esther obtint la faveur de tous ceux qui la voyaient.

Ainsi Esther fut emmenée vers le roi Assuérus, dans sa maison royale, au dixième mois, qui est le mois de Tébeth, en la septième année de son règne.

Et le roi aima Esther plus que toutes les autres femmes, et elle obtint grâce et faveur devant lui plus que toutes les vierges ; et il mit la couronne royale sur sa tête, et la fit reine à la place de Vashti.

Esther 2 :15-17

3. Avoir reçu plus d'un don ou d'un talent fait de certains de plus grandes lumières

Et à l'un il donna cinq talents, à l'autre deux, et à l'autre un ; à chacun selon sa capacité ; et il commença immédiatement son voyage.

Matthieu 25 :15

Et Israël dit à Joseph : Voici, je meurs, mais Dieu sera avec toi, et tu seras retourné au pays de tes pères. De plus je te donne une portion de plus qu'à tes frères, celle que j'ai prise de la main de l'Amorite, avec mon épée et mon arc.

Genèse 48 :21-22

4. Les bénédictions d'un père font de certains de plus grandes lumières

Sem, Cham et Japhet sont devenues de différentes personnes dans ce monde à cause de la bénédiction que leur père prononça sur leur vie. En effet, la bénédiction d'un père détermine le sort de votre ministère. C'est ce qui détermine si vous serez une plus grande lumière ou une plus petite lumière. Vous devez vous efforcer d'obtenir de plus grandes bénédictions de votre père spirituel. Vous devez éviter toute sorte de malédiction de votre père. Plus la bénédiction de votre père est grande, plus la lumière qui jaillit de votre vie brillera.

En outre, vous remarquerez que Joseph avait des bénédictions de son père même supérieures aux bénédictions de ses ancêtres.

Ces bénédictions supérieures ont fait venir une plus grande lumière. « Les bénédictions de votre père ont surpassé les bénédictions de mes aïeux jusqu'au bout des collines éternelles ; elles seront sur la tête de Joseph, sur le sommet de celui qui a été séparé de ses frères » (Genèse 49 :26).

> Et il dit : Maudit soit Canaan ; il sera serviteur des serviteurs de ses frères. Puis il dit : Béni soit le SEIGNEUR, Dieu de Sem, et Canaan sera son serviteur.
>
> Que Dieu élargisse Japhet et il demeurera dans les tentes de Sem; et Canaan sera son serviteur.
>
> Genèse 9 :25-27

Chapitre 51

Comment devenir une plus grande lumière

1. **L'obéissance vous fera devenir une plus grande lumière.**

   Maintenant donc, si vous obéissez à bon escient à ma voix et si vous gardez mon alliance, alors vous me serez un trésor à part, au-dessus de tous les peuples, car toute la terre est à moi :

   Exode 19 :5

   C'est pourquoi il arrivera que, si vous écoutez ces jugements, et vous les gardez et que vous les faites, le SEIGNEUR votre Dieu vous gardera l'alliance et la miséricorde qu'il a jurées à vos pères ; Et il vous aimera, et vous bénira, et vous multipliera, il bénira aussi le fruit de votre utérus et le fruit de votre terre, votre grain, et votre vin et votre huile, la progéniture de vos vaches et des troupeaux de vos brebis, sur la terre qu'il a juré à vos pères de vous donner ; Vous serez béni plus que tous les peuples ; il n'y aura parmi vous ni mâle ni femelle stérile, ni parmi votre bétail ; et le SEIGNEUR détournera de vous toute maladie ; et ne fera venir sur vous aucune des mauvaises plaies d'Égypte que vous connaissez ; mais il les mettra sur tous ceux qui vous haïssent.

   Deutéronome 7 :12-15

2. **L'humilité vous fera devenir une plus grande lumière.**

   Et quiconque s'élèvera sera abaissé ; et celui qui s'humiliera sera élevé.

   Matthieu 23 :12

3. **L'excellence vous fera devenir une plus grande lumière.**
   L'excellence dans tout ce que vous faites vous mènera à la promotion. Vous débarrasser de ce qui est médiocre, en désordre, négligé et bâclé vous mènera à la promotion.

> Et ce Daniel surpassait les présidents et les princes, parce qu'un excellent esprit était en lui ; et le roi pensait à l'établir sur le royaume entier.
>
> Daniel 6 :3

4. **La droiture vous fera devenir une plus grande lumière. Haïr l'iniquité vous fera devenir une plus grande lumière.**

> Tu as aimé la droiture, et haï l'iniquité, c'est pourquoi Dieu, aussi ton Dieu, t'a oint avec l'huile de joie au-dessus de tes semblables.
>
> Hébreux 1 :9

5. **Vous réjouir dans le salut vous fera devenir une plus grande lumière.**

Vous centrer sur le salut, insister sur le salut, comprendre le salut et prêcher sur le salut vous feront devenir une plus grande lumière. Aujourd'hui, beaucoup ne se centrent pas sur le salut parce qu'ils considèrent que c'est trop élémentaire. Le salut est le plus grand cadeau que nous ayons jamais reçu du Seigneur. Comprendre notre salut devrait être le point central de nos études bibliques. Comprendre le salut nous rendra à la fois reconnaissants et productifs.

> Et Hannah pria, et dit : Mon cœur se réjouit dans le Seigneur ; ma corne est exaltée dans le Seigneur ; ma bouche s'est élargie sur mes ennemis ; parce que je me réjouis en votre salut.
>
> 1 Samuel 2 :1

6. **Vous tourner vers Dieu pour la promotion vous fera devenir une plus grande lumière. Se tourner vers l'est, l'ouest et le sud pour devenir une plus grande lumière, c'est regarder dans la mauvaise direction. Ne vous tournez pas vers l'homme. La promotion ne vient que du Seigneur.**

> Car l'élévation ne *vient* ni de l'est, ni de l'ouest, ni du sud.
>
> Psaume 75

Chapitre 52

Les jointures spirituelles du ministère

De qui le corps entier, adéquatement ajusté et serré ensemble, par ce que chaque jointure procure, selon la vigueur assignée dans la mesure de chaque partie, produisant ainsi l'accroissement du corps pour son édification dans l'amour.

Éphésiens 4 :16

Il est temps de faire preuve de maturité et de reconnaître la nécessité d'autres parties du corps. Le bras a besoin du torse, parce que le torse contient le cœur. Le torse a besoin du bras pour acheter de la nourriture, parce que l'estomac ne peut pas prendre la nourriture sur la table. Cette analogie est si facile qu'un nigaud peut la comprendre. Pourtant, nous violons constamment ces principes dans notre travail spirituel.

L'un des plus grands mystères du ministère est le mystère des jointures spirituelles du Corps du Christ. Par les jointures, vous êtes relié aux autres parties du corps du Christ. Par les jointures, vous êtes relié à des gens qui sont importants pour votre développement spirituel. Par les jointures, vous recevrez ce dont vous avez besoin pour un ministère efficace.

Souvent, vous êtes relié à quelque chose de très différent de vous. Pensez à la différence de taille entre le torse et un bras ou une jambe. Et pourtant, l'énorme torse a besoin d'être relié au mince bras pour le bonheur et la productivité.

Préserver des jointures saines et souples est la clé pour recevoir l'onction, une protection et un accompagnement spirituels. L'un des plus grands exemples de jointures spirituelles fut la jointure spirituelle entre Élie et Élisée. Cette jointure fut la relation par laquelle la portion double de l'onction se déversa dans la vie d'Élisée. Élisée fit l'expérience d'une double portion de la grâce de Dieu, parce qu'il était profondément lié à Élie. Il ne permit à rien de briser cette jointure de la plus haute importance.

Dix révélations au sujet de la jointure entre Élie et Élisée

1. Élisée était étroitement joint à Élie. Il ne pouvait pas être séparé d'Élie par Élie lui-même. Le propre conseil d'Élie allait à l'encontre de l'amour et du dévouement qu'Élisée portait à Élie. Élisée ne fut pas dupe de l'instruction et comprit qu'il allait être séparé de ce dont il avait besoin.

   Et Élie dit à Élisée : Attends ici, je te prie ; car le SEIGNEUR m'a envoyé jusqu'à Bethel. Et Élisée lui dit : Comme le SEIGNEUR est vivant, comme votre âme est vivante, je ne te quitterai pas. Ainsi ils descendirent à Béthel.

   2 Rois 2 :2

2. Élisée était étroitement joint à Élie. Il ne pouvait pas être séparé de son mentor, *tant que le Seigneur était vivant.*

   Et Élie dit à Élisée : Attends ici, je te prie ; car le SEIGNEUR m'a envoyé jusqu'à Bethel. Et Élisée lui dit : COMME LE SEIGNEUR EST VIVANT, comme votre âme est vivante, je ne te quitterai pas. Ainsi ils descendirent à Béthel.

   2 Rois 2 :2

3. Élisée était étroitement joint à Élie. Il ne pouvait pas être séparé d'Élie, *tant qu'Élie était vivant.*

   Et Élie dit à Élisée : Attends ici, je te prie ; car le SEIGNEUR m'a envoyé jusqu'à Bethel. Et Élisée lui dit : Comme le SEIGNEUR est vivant, COMME TON ÂME EST VIVANTE, je ne te quitterai pas. Ainsi ils descendirent à Béthel.

   2 Rois 2 :2

4. Élisée était étroitement joint à Élie. Il ne pouvait pas être séparé d'Élie par cinquante prophètes. La vie de beaucoup de gens est détruite quand ils écoutent de faux prophètes.

Et les fils des prophètes qui étaient à Bethel sortirent vers Élisée, et lui dirent : Sais-tu que le SEIGNEUR enlèvera ton maître d'au-dessus de ta tête aujourd'hui ? Et il dit : Oui, je le sais ; taisez-vous.

2 Rois 2 :3

5. Élisée était étroitement joint à Élie. Il ne pouvait pas être séparé d'Élie par les événements de Guilgal.

Et il arriva lorsque le SEIGNEUR voulait enlever Élie au ciel dans un tourbillon, qu'Élie et Élisée venaient de Guilgal. Et Élie dit à Élisée : Attends ici, je te prie ; car le SEIGNEUR m'a envoyé jusqu'à Béthel. Et Élisée lui dit : Comme le SEIGNEUR est vivant, comme votre âme est vivante, je ne te quitterai pas. Ainsi ils descendirent à Béthel.

2 Rois 2 :1-2

6. Élisée était étroitement joint à Élie. Il ne pouvait pas être séparé d'Élie par les circonstances de Béthel.

Et les fils des prophètes qui étaient à Béthel sortirent vers Élisée, et lui dirent : Sais-tu que le SEIGNEUR enlèvera ton maître d'au-dessus de ta tête aujourd'hui ? Et il dit : Oui, je le sais ; taisez-vous.

2 Rois 2 :3

7. Élisée était étroitement joint à Élie. Il ne pouvait pas être séparé d'Élie par les pressions et expériences de Jéricho.

Et Élie lui dit : Élisée, attends ici, je te prie ; car le SEIGNEUR m'a envoyé à Jéricho. Et il dit : Comme le SEIGNEUR est vivant et comme ton âme est vivante, je ne te quitterai pas. Ainsi ils vinrent à Jéricho.

2 Rois 2 :4

8. Élisée était étroitement joint à Élie. Il ne pouvait pas être séparé d'Élie par les pressions du Jourdain.

Et Élie lui dit : Attends ici, je te prie, car le SEIGNEUR m'a envoyé jusqu'au Jourdain. Et il répondit : Comme

le SEIGNEUR est vivant et comme votre âme est vivante, je ne te quitterai pas. Et tous deux continuèrent leur chemin.

2 Rois 2 :6

9. Élisée était étroitement joint à Élie. Ses yeux furent rivés sur Élie jusqu'à la fin. Il fut révélé à Élisée que garder ses yeux sur Élie jusqu'à la fin serait le secret pour qu'il puisse recevoir l'onction.

Et il arriva, quand ils eurent passé, qu'Élie dit à Élisée : « Demande ce que je ferai pour toi, avant que je sois enlevé d'avec toi ». Et Élisée dit : « Je te prie, qu'une double portion de ton esprit soit sur moi ». Et Élie dit : « Tu as demandé une chose difficile. Néanmoins si tu me vois quand je serai enlevé d'avec toi, il te sera ainsi fait ; sinon, il ne sera pas ainsi ».

2 Rois 2 :9-10

10. Élisée était étroitement joint à Élie. Il ne pouvait être séparé de son père que par quelque chose de divin. Beaucoup de ministres sont séparés de leurs mentors par du charnel, des querelles et de l'envie. À cause de conflits, les gens sont séparés de ceux dont ils ont précisément besoin. Vous devez atteindre l'endroit où seul un acte divin peut vous séparer du corps auquel Dieu vous a joint.

Et il arriva comme ils continuaient leur chemin et parlaient, voici, qu'apparut un chariot de feu, et des chevaux de feu, et ils les séparèrent l'un de l'autre ; et Élie monta au ciel dans un tourbillon.

2 Rois 2 :11

Chapitre 53

Les pierres d'achoppement du ministère

Mais Jésus se retourna et dit à Pierre : « Va-t'en loin de Moi, Satan ! Tu es une pierre d'achoppement pour Moi, car tu ne penses pas aux intérêts de Dieu, mais à ceux des hommes. »

Matthieu 16 :23

Dans ce passage, Jésus définit clairement ce qui pourrait devenir une pierre d'achoppement pour Son ministère. En surface, vous pourriez croire que Satan était la pierre d'achoppement. Cependant, la pierre d'achoppement était quelque chose de plus subtile que cela. C'étaient *les intérêts des hommes* qui étaient les pierres d'achoppement pour le ministère de Jésus.

Une pierre d'achoppement est un problème qui vous empêche de réaliser quelque chose. Une pierre d'achoppement est donc un obstacle, une difficulté, un problème, une barrière, une haie, un empêchement ou une entrave à votre appel.

Jésus-Christ a révélé que les pierres d'achoppement sont les intérêts des hommes ! Quand quelqu'un s'intéresse à quelque chose, il se concentre sur cette chose, car il y a des avantages à gagner. Les intérêts des hommes procurent de nombreux avantages aux hommes, mais le problème est que les intérêts des hommes sont différents des intérêts de Dieu !

Non seulement les intérêts des hommes sont différents des intérêts de Dieu, mais ils font obstacle au ministère et sont contradictoires avec votre appel.

C'est pourquoi quand les gens poursuivent leurs intérêts, ils détruisent en fait leurs ministères. Au fil des années, j'ai observé des gens poursuivre les intérêts des hommes et finir sur le tas d'ordures du ministère.

Quand vous ne poursuivez pas les « intérêts des hommes », il semble que vous ne vous aimez pas ! C'est parce que la poursuite des intérêts des hommes améliore en fait votre vie sur cette terre. Je tiens à souligner que les intérêts des hommes ne sont pas des activités sataniques ou occultes. Le mystère de ces pierres d'achoppement, c'est qu'elles sont souvent les besoins fondamentaux de l'homme ordinaire. Les intérêts des hommes sont des choses comme l'alimentation, l'habillement, le mariage, les enfants, l'argent, les maisons, les voitures, la sécurité et la stabilité.

Douze intérêts des hommes qui sont des pierres d'achoppement pour votre appel

1. L'alimentation et l'habillement ne sont pas des choses mauvaises. Toutefois, votre quête d'alimentation et d'habillement peut devenir une pierre d'achoppement pour votre appel.

2. Le mariage n'est pas mauvais, mais votre poursuite du mariage peut être une pierre d'achoppement pour votre appel.

3. Avoir des enfants et les élever ne sont pas des choses mauvaises, mais votre poursuite de ces choses peut devenir une pierre d'achoppement pour votre ministère.

4. L'argent n'est pas une chose mauvaise, mais votre poursuite de l'argent est une pierre d'achoppement pour votre appel.

5. Avoir une maison n'est pas une chose mauvaise, mais votre poursuite des maisons sera une pierre d'achoppement pour votre appel.

6. Les voitures ne sont pas des choses mauvaises, mais votre poursuite des voitures peut être une pierre d'achoppement pour votre appel.

7. Vivre dans un endroit particulier n'est pas une mauvaise chose, mais votre désir incessant de vivre dans certains endroits est une pierre d'achoppement pour votre appel.

8. Être important n'est pas une mauvaise chose, mais votre poursuite de suffisance sera une pierre d'achoppement pour votre appel.

9. La sécurité n'est pas une chose mauvaise, mais votre poursuite constante de sécurité et de sûreté est une pierre d'achoppement pour votre appel.

10. Une amélioration de l'existence terrestre n'est pas une mauvaise chose, mais votre désir de vivre dans la classe supérieure sera une pierre d'achoppement pour votre appel.

11. L'établissement n'est pas une mauvaise chose, mais votre poursuite inlassable d'une vie établie sera une pierre d'achoppement pour votre appel.

12. L'éducation n'est pas une mauvaise chose, mais votre poursuite incessante d'éducation est une pierre d'achoppement pour votre appel.

Chapitre 54

Vaincre les retards au jour mauvais

Revêtez-vous de toute l'armure de Dieu, afin que vous puissiez résister aux ruses du diable.

Car nous ne luttons pas contre la chair et le sang, mais contre les principautés, contre les puissances, contre les dirigeants des ténèbres de ce monde, contre la malice spirituelle dans les lieux célestes.

C'est pourquoi prenez toute l'armure de Dieu, AFIN QUE VOUS PUISSIEZ RÉSISTER AU JOUR MAUVAIS, et qu'ayant tout surmonté, demeurer ferme.

Éphésiens 6 :11-13

Qu'est-ce qui fait qu'un jour est un « jour mauvais » ? Les retards peuvent faire d'un jour un « jour mauvais » ! Il y a plusieurs autres choses qui peuvent faire d'un jour un « jour mauvais ». Les tentations, les épreuves et les tribulations peuvent vous faire entrer dans ce qu'on appelle un « jour mauvais ». Les épreuves et les tribulations surviennent souvent quand il y a une sorte de retard.

Tout au long de l'Écriture vous voyez comment les choses ont changé quand il y a eu un retard. Beaucoup de braves gens deviennent mauvais pendant un retard quelconque. Remarquez comment le méchant serviteur devint un ivrogne quand le Seigneur retarda son arrivée. « Mais si ce méchant serviteur dit en son cœur : Mon seigneur tarde à venir ; et qu'il se mette à battre ses compagnons de service, et à manger et à boire avec des ivrognes » (Matthieu 24 :48-49).

Aussi, pendant les périodes de retard, vous verrez la manifestation de toutes sortes de faiblesses de l'homme. « Et comme l'époux tardait à venir, elles s'assoupirent toutes et s'endormirent » (Matthieu 25 :5).

Un ensemble de faiblesse humaine, de tentation et d'activité démoniaque s'unissent pour créer un « jour mauvais » pour vous. Toutefois, le « jour mauvais » peut se transformer en jour de victoire pour vous. Selon le niveau de compréhension que vous en avez, vous verrez la main de Dieu à l'œuvre. Il vous mènera à une fin parfaite.

Afin de vaincre les retards qui abondent dans le ministère, il est important de faire trois choses.

1. **Attendez-vous en effet à des retards dans votre vie et votre ministère.**

2. **Comprenez pourquoi et comment les retards se produisent.** Jésus répéta sans cesse à Ses disciples comment les gens déserteraient au cours des retards apparents dans l'accomplissement des promesses de Dieu.

3. **Préparez-vous à des retards en faisant une préparation supplémentaire pour des retards éventuels.** Faites ce que les dix vierges firent. Prenez de l'huile supplémentaire et faites des préparatifs supplémentaires pour pouvoir durer dans le retard le plus long possible qui puisse se produire dans votre vie et votre ministère.

… mais les sages prirent de l'huile dans leurs vases avec leurs lampes.

Matthieu 25 :3

Vingt retards auxquels vous devez vous attendre

1. **Vous devez vous attendre à un retard dans la venue du Seigneur.**

Soyez donc patients, frères, jusqu'à la venue du Seigneur. Voici, le laboureur attend le précieux fruit de la terre usant de patience, jusqu'à ce qu'il reçoive la pluie de la première et de la dernière saison.

Jacques 5 :7

2. **Vous devez vous attendre à des retards possibles dans l'accomplissement de certaines des promesses de Dieu à votre égard.**

   Le Seigneur ne tarde pas en ce qui concerne sa promesse, même si quelques-uns estiment qu'il y a du retard ; mais Il use de longanimité envers nous, ne voulant pas qu'aucun périsse, mais que tous viennent à la repentance.

   2 Pierre 3 :9

3. **Vous devez vous attendre à des retards possibles avant votre mariage.**

   Et Jacob aimait Rachel ; et il dit : Je te servirai sept ans pour Rachel, ta plus jeune fille. Et Laban dit : Il vaut mieux que je te la donne que si je la donnais à un autre homme ; demeure avec moi. Et Jacob servit sept ans pour Rachel ; et ils ne lui semblèrent que quelques jours, à cause de l'amour qu'il avait pour elle.

   Genèse 29 :18-20

   Achève la semaine de celle-ci, et nous te donnerons aussi celle-là, pour le service que vous ferez chez moi encore sept autres années. Et Jacob fit ainsi, et il accomplit la semaine de celle-ci ; et Laban lui donna Rachel, sa fille pour femme.

   Genèse 29 :27-28

4. **Vous devez vous attendre à des retards possibles avant d'avoir des enfants.**

   Et quand arrivait le moment où Elkanah offrait, il donnait des portions à Peninnah sa femme, et à tous les fils et filles qu'il avait d'elle.

   Mais à Hannah il donnait une honorable portion, car il aimait Hannah ; mais le SEIGNEUR avait fermé son utérus. Et sa rivale la provoquait sévèrement, afin de la chagriner, parce que le SEIGNEUR avait fermé son utérus. Et Elkanah faisait ainsi d'année en année, quand Hannah montait à la maison du SEIGNEUR, Peninnah la provoquait ainsi ; c'est pourquoi Hannah pleurait, et ne mangeait pas.

1 Samuel 1 :4-7

Et voici, ta cousine Élisabeth, elle a aussi conçu un fils en sa vieillesse ; et elle est dans son sixième mois, elle qui était appelée stérile. Car avec Dieu rien n'est impossible.

Luc 1 :36-37

5. **Vous devez vous attendre à des retards possibles avant la promotion.**

Jusqu'à quand m'oublieras-tu, ô SEIGNEUR ? Pour toujours ? Jusqu' à quand cacheras-tu ta face de moi ? Jusqu' à quand prendrai-je conseil en mon âme, ayant chaque jour du chagrin dans mon cœur ? Jusqu'à quand mon ennemi s'élèvera-t-il au-dessus de moi ?

Psaume 13 : 1-2

6. **Vous devez vous attendre à un retard dans la venue de l'onction et du don de Dieu.**

Nous ne voyons plus nos signes ; il n'y a plus de prophète, il n'y a personne avec nous qui sache jusqu' à quand. Ô Dieu, jusqu'à quand l'adversaire outragera-t-il ? L'ennemi blasphémera-t-il votre nom à toujours ?

Psaume 74 :9-10

7. **Vous devez vous attendre à des retards avant que les gens prennent des décisions.**

Et Élie s'approcha de tout le peuple et dit : Combien de temps balancerez-vous entre deux opinions ? Si le SEIGNEUR est Dieu, suivez-le ; mais si c'est Baal, alors suivez-le. Et le peuple ne lui répondit pas un mot.

1 Rois 18 :21

8. **Vous devez vous attendre à des retards possibles avant que Dieu vous bénisse avec un grand ministère.**

Ramène-nous, ô Dieu, et fais reluire ta face, et nous serons sauvés.

Ô SEIGNEUR, Dieu des armées, jusqu'à quand seras-tu en colère contre la prière de ton peuple ?

Tu les nourris d'un pain de larmes, et tu leurs donnes à boire des larmes à grande mesure.

Tu fais de nous un sujet de contestation pour nos voisins, et nos ennemis se moquent de nous entre eux.

Ramène-nous, ô Dieu des armées, et fais reluire ta face, et nous serons sauvés.

Psaume 80 :3-7

9. Vous devez vous attendre à des retards avant de devenir riche.

Tu es droit, ô SEIGNEUR, quand je plaide avec toi ; toutefois laisse-moi parler de tes jugements avec toi, pourquoi le chemin des méchants prospère-t-il ? Pourquoi sont-ils joyeux tous ceux qui agissent perfidement ?

Tu les as plantés, oui, ils ont pris racine ; ils poussent, même ils fructifient ; tu es près de leur bouche, mais loin de leurs reins.

Mais toi, ô SEIGNEUR, tu me connais, tu m'as vu, et tu as sondé mon cœur envers toi ; tire-les comme des brebis pour l'abattoir, et prépare-les pour le jour de l'abattage. Jusqu'à quand le pays sera-t-il dans le deuil, et les plantes de tous les champs faneront-elles, à cause de la malice de ceux qui y demeurent ? Les bêtes et les oiseaux sont consumés; parce qu'ils disent : Il ne verra pas notre dernière fin.

Jérémie 12 :1-4

10. Vous devez vous attendre à des retards avant la réalisation de vos rêves.

Et il était resté parmi les enfants d'Israël, sept tribus, lesquelles n'avaient pas reçu leur héritage. Et Josué dit aux enfants d'Israël : Combien de temps négliges-tu d'aller prendre possession du pays que le SEIGNEUR Dieu ta a donné ?

Josué 18 : 2-3

11. Vous devez vous attendre à des retards possibles avant que les membres de l'église apprennent ce que vous leur enseignez.

Et Moïse dit : Mangez-le aujourd'hui ; car aujourd'hui est le sabbat au SEIGNEUR ; aujourd'hui vous n'en trouverez pas dans les champs.

Pendant six jours, vous le recueillerez, mais au septième jour, qui est le sabbat, il n'y en aura pas.

Et il arriva, qu'au septième jour, quelques-uns du peuple sortirent, pour en recueillir, et ils n'en trouvèrent pas.

Et le SEIGNEUR dit à Moïse : Jusqu'à quand refuserez-vous de garder mes commandements et mes lois ?

Exode 16 :25-28

12. Vous devez vous attendre à des retards avant d'obtenir la victoire sur l'opposition.

Et Moïse et Aaron allèrent vers Pharaon, et lui dirent : Ainsi dit le SEIGNEUR Dieu des Hébreux : Jusqu'à quand refuseras-tu de t'humilier devant moi ? Laisse mon peuple partir, afin qu'il me serve.

Exode 10 :3

13. Vous devez vous attendre à des retards avant que les gens croient à votre appel.

Et le SEIGNEUR dit à Moïse: Jusqu'à quand ce peuple me provoquera-t-il? Et jusqu'à quand sera-ce, avant qu'ils ne me croient après tous les signes que j'ai fais au milieu d'eux ?

Nombres 14 :11

14. Vous devez vous attendre à des retards avant de surmonter des situations difficiles.

Alors Job répondit, et dit :

Jusqu'à quand contrarierez-vous mon âme, et me briserez-vous en morceaux par des paroles ?

Voici déjà dix fois que vous m'outragez vous n'avez pas honte en procédant ainsi étrangement envers moi.

Mais quand il serait vrai que j'ai erré, mon erreur demeure avec moi.

Si vraiment vous voulez parler avec hauteur contre moi, et argumenter contre moi de mon opprobre,

Sachez donc que c'est Dieu qui m'a renversé, et qui m'a entouré de son filet.

Job 19 :1-6

15. Vous devez vous attendre à des retards avant que les membres de l'église changent de style de vie.

Ô vous fils des hommes, jusqu' à quand ma gloire sera-t-elle transformée en honte ? Jusqu' à quand aimerez-vous la vanité, et chercherez-vous la déception ? Sélah.

Mais sachez que le SEIGNEUR a mis à part pour lui celui qui est pieux, le SEIGNEUR m'entendra quand je l'appelle.

Psaume 4 :2-3

16. Vous devez vous attendre à des retards avant les guérisons et les miracles.

Use de miséricorde envers moi, ô SEIGNEUR ; car je suis faible, ô SEIGNEUR, guéris-moi, car mes os sont contrariés. Mon âme aussi est fort contrariée ; mais toi, ô SEIGNEUR, jusqu'à quand ?

Psaume 6 :2-3

17. Vous devez vous attendre à des retards avant que les méchants soient mis en jugement.

SEIGNEUR jusqu'à quand les méchants, jusqu'à quand les méchants triompheront-ils ?

Jusqu'à quand proféreront-ils et diront-ils des choses dures ? Et tous les ouvriers d'iniquité se vanteront-ils ?

Ils brisent en morceaux votre peuple, ô SEIGNEUR, et affligent votre héritage.

Ils tuent la veuve et l'étranger, et tuent les orphelins.

Toutefois ils disent : Le SEIGNEUR ne le verra pas, le Dieu de Jacob n'y prendra pas garde.

Psaume 94 :3-7

18. Vous devez vous attendre à des retards avant que les sots deviennent sages.

La sagesse crie au dehors, elle fait retentir sa voix dans les rues ;

Elle crie à l'entrée dans les carrefours, à l'ouverture des portes; elle prononce ses paroles dans la ville, disant : Stupides, jusqu' à quand aimerez-vous la stupidité ?

Et jusqu'à quand les moqueurs prendront-ils plaisir à la moquerie, et les insensés haïront-ils la connaissance ?

Proverbes 1 :20-23

19. Vous devez vous attendre à des retards avant que les paresseux deviennent travailleurs.

Pendant combien de temps dormiras-tu O paresseux ? Quand te lèveras-tu de ton sommeil ?

Encore un peu de sommeil, un peu d'assoupissement, un peu croiser les mains pour dormir ;

Ainsi ta pauvreté te surprendra comme un rôdeur, et ton dénuement comme un homme armé.

Proverbes 6 :9-11

20. Vous devez vous attendre à des retards possibles avant le jugement des voleurs.

Vous vous rendrez compte que la plupart des voleurs ne sont pas pris. Il semble que personne ne s'est aperçu de leur vol. Mais l'Écriture ne peut manquer d'être accomplie : « l'homme récoltera ce qu'il aura semé ».

Tous ceux-là ne feront-ils pas de lui une parabole, et un proverbe sarcastique, et diront Malheur à celui qui accumule ce qui n'est pas à lui! Jusqu'à quand ? Et à celui qui entasse sur lui de la boue épaisse !

Habacuc 2 :6

Chapitre 55

Quinze maux qui surviennent quand il y a un retard

1. **Quand il y a des retards, beaucoup de gens ont des mauvaises pensées. Les mauvaises pensées circulent librement à travers l'esprit de quelqu'un qui sent un retard dans les bénédictions de Dieu.**

   Béni est ce serviteur que son maître trouvera faisant ainsi, quand il viendra.

   En vérité, je vous dis qu'il l'établira sur tous ses biens. Mais si CE MÉCHANT SERVITEUR DIT EN SON CŒUR : Mon seigneur tarde à venir ; Et qu'il se mette à battre ses compagnons de service, et à manger et à boire avec des ivrognes ;

   Le seigneur de ce serviteur-là viendra au jour où il ne l'attend pas, et à l'heure qu'il ne sait pas ; et il le coupera en deux, et le mettra au rang des hypocrites; là seront les pleurs et les grincements de dents.

   Matthieu 24 :46-51

2. **Quand il y a des retards, beaucoup de gens ont des mauvaises idées. De nombreuses mauvaises idées viennent à l'esprit de gens qui sentent que la bénédiction de Dieu tarde.**

   ET LORSQUE LE PEUPLE VIT QUE MOÏSE TARDAIT À DESCENDRE DU MONT, LE PEUPLE S'ASSEMBLA VERS AARON ET LUI DIT : LÈVE-TOI, FAIS-NOUS DES DIEUX qui iront devant nous ; car quant à ce Moïse, cet homme qui nous a fait monter du pays d'Égypte, nous ne savons ce qui lui est arrivé.

   Et Aaron leur dit : Brisez les anneaux d'or qui pendent aux oreilles de vos femmes, de vos fils et de vos filles, et apportez-les-moi.

Et tous brisèrent les anneaux d'or qui pendaient à leurs oreilles ; et ils les apportèrent à Aaron,

Et les ayant reçus de leur main, il les façonna avec un burin, et il en fit un veau en métal fondu ; et ils dirent : Ce sont ici tes dieux, ô Israël, qui t'ont fait monter du pays d'Égypte. Et quand Aaron le vit, il bâtit un autel devant lui ; et Aaron fit une proclamation et dit : Demain il y aura fête au SEIGNEUR.

Exode 32 :1-5

3. **Quand il y a des retards, les gens essaient d'utiliser l'arme de la chair pour accomplir ce que seul Dieu peut faire.**

Et Saraï dit à Abram : Voici, le SEIGNEUR m'a empêchée d'enfanter; VA, JE TE PRIE, VERS MA SERVANTE ; PEUT-ÊTRE AURAI-JE DES ENFANTS PAR ELLE. ET ABRAM OBÉIT À LA VOIX DE SARAÏ.

Et Saraï, femme d'Abram, prit Agar, l'Égyptienne, sa servante, après qu'Abram demeura dix ans au pays de Canaan et la donna à Abram son mari pour femme.

Et il alla vers Agar, et elle conçut ; et quand elle vit qu'elle avait conçu, elle méprisa sa maîtresse.

Genèse 16 :2-4

4. **Quand il y a des retards, beaucoup de gens abandonnent leur appel initial.**

Et le Seigneur dit : Quel est donc ce fidèle et sage régisseur que son seigneur établira sur sa maisonnée, pour lui donner au temps déterminé sa portion de nourriture ?

BÉNI EST CE SERVITEUR QUE SON SEIGNEUR TROUVERA FAISANT AINSI, QUAND IL VIENDRA.

En vérité je vous dis qu'il l'établira sur tout ce qu'il a.

Mais si ce serviteur dit en son cœur : Mon seigneur retarde son retour; et qu'il se mette à battre les serviteurs et les servantes, et à manger, et à boire, et à s'enivrer ;

Luc 12 :42-45

5. **Quand il y a des retards, les gens blâment leurs chefs pour leurs problèmes.**

   ET ILS DIRENT À MOÏSE : EST-CE PARCE QU'IL N'Y AVAIT PAS DE TOMBES EN ÉGYPTE, que tu nous aies emmenés pour mourir dans le désert ? Pourquoi as-tu agi ainsi avec nous, pour nous avoir fait sortir d'Égypte ?

   N'est-ce pas ce que nous te disions en Égypte, disant : Laisse-nous, que nous servions les Égyptiens ? Car il vaut mieux pour nous de servir les Égyptiens, plutôt que de mourir dans le désert.

   Exode 14 :11-12

6. **Quand il y a des retards, les gens deviennent amers. Ils en veulent à Dieu et à leur église. Les gens quittent leurs églises et vont ailleurs. D'autres se joignent à des mouvements prophétiques, cherchant de l'aide et des réponses à leurs prières non exaucées.**

   Alors Elkanah son mari lui disait : Hannah, pourquoi pleures-tu ? Et pourquoi ne manges-tu pas ? Et pourquoi ton cœur est-il triste ? EST-CE QUE JE NE VAUX PAS MIEUX, POUR TOI, QUE DIX FILS ?

   Et Hannah se leva après avoir mangé et bu à Silo) Or Eli le prêtre était assis sur un siège près d'un des poteaux du temple du SEIGNEUR. Et ELLE AVAIT L'AMERTUME DANS L'ÂME, et pria le SEIGNEUR, et pleura beaucoup.

   Et elle fit un vœu, et dit : Ô SEIGNEUR des armées, si tu veux expressément regarder l'affliction de ta servante, et souviens-toi de moi, et n'oublies pas ta servante, mais donnes à ta servante un enfant mâle, alors je le donnerai au SEIGNEUR pour tous les jours de sa vie, et le rasoir ne passera pas sur sa tête.

   1 Samuel 1 :8-11

7. **Quand il y a des retards, beaucoup de gens se mettent à croire à des choses auxquelles ils ne devraient pas croire.**

   Et si ces jours-là n'étaient pas abrégés, aucune chair ne serait sauvée; mais à cause des élus, ces jours-là seront abrégés. Alors si un homme vous dit : Voici, ici est Christ, ou Il est là ; ne le croyez pas.

Car il s'élèvera de faux Christs et de faux prophètes et ils feront de grands signes et des prodiges, à tel point que, s'il était possible, ils tromperaient les élus mêmes.

Matthieu 24 :22-24

8. Quand il y a des retards, beaucoup de gens sont pris au dépourvu.

Et comme l'époux tardait à venir, elles s'assoupirent toutes et s'endormirent. Et à minuit il y eut un cri : Voici l'époux vient ; sortez à sa rencontre. Alors toutes ces vierges se levèrent et préparèrent leurs lampes. Et les insensées dirent aux sages : Donnez-nous de votre huile ; car nos lampes s'éteignent.

Matthieu 25 :5-8

9. Quand il y a des retards, beaucoup de gens font marche arrière et leurs lumières s'éteignent.

Alors le royaume du ciel sera semblable à dix vierges qui, ayant pris leurs lampes, allèrent au-devant de l'époux. Et cinq d'entre elles étaient sages, et cinq étaient insensées. Celles qui étaient insensées prirent leurs lampes, et ne prirent pas d'huile avec elles. Mais les sages prirent de l'huile dans leurs vases avec leurs lampes. Et comme l'époux tardait à venir, elles s'assoupirent toutes et s'endormirent. Et à minuit il y eut un cri : Voici l'époux vient ; sortez à sa rencontre.

Alors toutes ces vierges se levèrent et préparèrent leurs lampes.

Et les insensées dirent aux sages : Donnez-nous de votre huile ; car NOS LAMPES S'ÉTEIGNENT.

Mais les sages répondirent, disant : Nullement, de peur qu'il n'y en ait pas assez pour nous et pour vous ; allez plutôt vers ceux qui en vendent, et achetez-en pour vous.

Matthieu 25 :1-9

10. Quand il y a des retards, les gens deviennent méchants.

Mais si ce MÉCHANT SERVITEUR dit en son cœur : Mon seigneur tarde à venir ; et qu'il se mette à battre ses compagnons de service, et à manger et à boire avec des ivrognes ;

Matthieu 24 :48-49

11. Quand il y a des retards, beaucoup de gens perdent leur position.

Et comme l'époux tardait à venir, elles s'assoupirent toutes et s'endormirent.

Après cela les autres vierges vinrent aussi disant : Seigneur, Seigneur, ouvre-nous.

Mais il répondit, et dit : En vérité, je vous dis, JE NE VOUS CONNAIS PAS.

Matthieu 25 :5,11-12

12. Quand il y a des retards, beaucoup de gens deviennent hypocrites.

Mais si ce méchant serviteur dit en son cœur : Mon seigneur tarde à venir ;

Et qu'il se mette à battre ses compagnons de service, et à manger et à boire avec des ivrognes ; le seigneur de ce serviteur-là viendra au jour où il ne l'attend pas, et à l'heure qu'il ne sait pas ;

Et il le coupera en deux, et LE METTRA AU RANG DES HYPOCRITES; là seront les pleurs et les grincements de dents.

Matthieu 24 :48-51

13. Quand il y a des retards, les ministres se mettent à se battre.

Mais si ce méchant serviteur dit en son cœur : Mon seigneur tarde à venir ; et qu'il SE METTE À BATTRE SES COMPAGNONS DE SERVICE, et à manger et à boire avec des ivrognes ;

Matthieu 24 :48-49

14. Quand il y a des retards, beaucoup de gens s'écartent de leur appel.

BÉNI EST CE SERVITEUR QUE SON MAÎTRE TROUVERA FAISANT AINSI, QUAND IL VIENDRA.

En vérité, je vous dis qu'il l'établira sur tous ses biens.

Mais si ce méchant serviteur dit en son cœur : Mon seigneur tarde à venir ; Et qu'il se mette à battre ses compagnons de service, et à manger et à boire avec des ivrognes ;

Le seigneur de ce serviteur-là viendra au jour où il ne l'attend pas, et à l'heure qu'il ne sait pas ; et il le coupera en deux, et le mettra au rang des hypocrites; là seront les pleurs et les grincements de dents.

Matthieu 24 :46-51

15. Quand il y a des retards, les gens ignorent la Parole de Dieu et mènent leur vie comme si Dieu n'existait pas.

Mais comme il en était aux jours de Noé, ainsi sera aussi la venue du Fils de l'homme.

Car comme dans les jours avant le déluge, ON MANGEAIT ET BUVAIT, ON SE MARIAIT ET ON DONNAIT EN MARIAGE, JUSQU'AU JOUR OÙ NOÉ ENTRA DANS L'ARCHE ;

Et ils ne surent rien jusqu'à ce que le déluge arrive et les emporte tous ; il en sera de même à la venue du Fils de l'homme.

Alors deux hommes seront dans un champ, l'un sera pris et l'autre laissé ;

Deux femmes seront à moudre au moulin, l'une sera prise et l'autre laissée.

Matthieu 24 :37-41

Chapitre 56

Huit raisons pour lesquelles des retards surviennent

1. *Dieu a un temps déterminé pour tout.* Dieu ne sacrifiera pas Sa divinité et de Sa souveraineté pour vous impressionner, vous ou moi. Il fera exactement ce qu'Il voudra. Et Il le fera quand Il voudra.

   À chaque chose il y a une saison, et un temps pour chaque projet sous le ciel :

   Ecclésiastes 3 :1

   N'y a-t-il pas un temps déterminé à l'homme sur la terre ? Et ses jours ne sont-ils pas comme ceux d'un salarié ?

   Job 7 :1

2. *Dieu veut que nous passions par certaines épreuves.* Il permet que nous soyons éprouvés en retardant certaines choses. Il nous scrute pour savoir ce qui est dans notre cœur. Il veut voir notre réaction aux retards. Un retard fera ressortir ce qui est en nous.

   Et tu te souviendras de tout le chemin par lequel le SEIGNEUR ton Dieu t'a conduit ces quarante ans dans le désert, afin de t'humilier et de t'éprouver, pour connaître ce qui était dans ton cœur, si tu garderais ou non ses commandements.

   Deutéronome 8 :2

3. *Les retards surviennent pour que vous puissiez vous préparer pour les bénédictions à venir.* Il est très important d'être prêt pour les bénédictions de Dieu. La femme dans l'histoire ci-dessous dut se préparer pour recevoir l'huile.

   Or une certaine femme d'entre les femmes des fils des prophètes cria à Élisée, disant : Ton serviteur, mon

mari, est mort ; et tu sais que ton serviteur craignait le SEIGNEUR ; et le créancier est venu pour prendre mes deux fils pour être serviteurs.

Et Élisée lui dit : Que ferai-je pour toi ? Dis-moi, qu'as-tu à la maison ? Et elle dit : Ta servante n'a rien du tout dans toute la maison qu'un pot d'huile. Alors il lui dit : Va, et emprunte dehors à tous tes voisins des récipients, c'est-à-dire des récipients vides, et n'en emprunte pas un petit nombre.

2 Rois 4 :1-3

4. *Les retards surviennent pour éprouver votre foi.* Les deux aveugles suivirent Jésus depuis la maison du gouverneur jusqu'à Sa propre maison avant d'avoir leur miracle. Ils criaient à Jésus de les guérir, mais Il les ignorait. Il se retourna enfin après qu'ils L'aient suivi sur le long chemin conduisant à Sa maison. Il leur demanda : « Croyez-vous? » Évidemment, Il aurait pu les guérir en sortant de la maison de Jaïre. Il voulait être sûr que les deux aveugles croyaient à Son pouvoir de guérison avant de les guérir.

   Et comme Jésus partait de là, deux aveugles le suivirent, criant et disant : Toi Fils de David, aie pitié de nous.

   Et quand il arriva à la maison, ces aveugles vinrent à lui, et Jésus leur dit : Croyez-vous que je puisse faire cela ? Ils lui répondirent : Oui, Seigneur.

   Alors il leur toucha les yeux, en disant : Qu'il vous soit fait selon votre foi. Et leurs yeux furent ouverts ; et Jésus leur recommanda fortement, disant : Prenez garde que nul homme ne le sache.

   Matthieu 9 :27-30

5. *Les retards surviennent pour produire la patience en vous.* À chaque fois que votre foi est éprouvée, cela produit de la patience, parce que la foi va toujours avec la patience.

   Sachant ceci, que l'épreuve de votre foi produit la patience.

   Jacques 1 : 3

6. *Les retards surviennent pour éprouver votre capacité à supporter la honte.* Le mot « importunité » utilisé dans le passage biblique ci-dessous est en fait le mot « anaideia » qui veut dire « impudeur ». Sans la capacité d'ignorer la honte, vous ne pourrez pas aller loin avec Dieu. Les retards produisent souvent des circonstances honteuses que vous devez supporter. Il y a peut-être un retard dans l'acquisition d'une voiture, d'un mari ou d'un enfant. Il se peut que vous ayez à lutter sans aide et à endurer les attitudes et les impressions des gens autour de vous.

Et celui qui est dedans répondra et dira : Ne me dérange pas, la porte est maintenant fermée, et mes enfants sont avec moi au lit ; je ne peux pas me lever et t'en donner.

Je vous dis, bien qu'il ne veuille se lever pour lui en donner parce qu'il est son ami, pourtant à cause de son importunité il se lèvera, et lui en donnera autant qu'il en a besoin.

Luc 11 :7-8

7. *Les retards surviennent pour éprouver votre persévérance.* La persévérance est une qualité importante qui révèle la mesure de ce que vous croyez dans quelque chose. Il se peut que vous croyiez en quelque chose, mais avoir à persister dans la foi aveugle éprouvera vos croyances.

Et celui qui est dedans répondra et dira : Ne me dérange pas, la porte est maintenant fermée, et mes enfants sont avec moi au lit ; je ne peux pas me lever et t'en donner.

Je vous dis, bien qu'il ne veuille se lever pour lui en donner parce qu'il est son ami, pourtant à cause de son importunité il se lèvera, et lui en donnera autant qu'il en a besoin.

Luc 11 :7-8

8. *Les retards surviennent pour vous donner une chance de porter du fruit.* Dans l'histoire ci-dessous, le propriétaire de la vigne décida de retarder d'un an l'abattage d'un arbre, afin de lui donner une chance de porter du fruit. Parfois, un retard

dans votre vie est une possibilité offerte par Dieu pour que vous entriez dans certains aspects du ministère.

Il dit aussi cette parabole : Un certain homme avait un figuier planté dans sa vigne, et il vint y chercher du fruit, et n'en trouva pas.

Et il dit au vigneron : Voici, [depuis] trois ans je viens chercher du fruit sur ce figuier, et je n'en trouve pas, coupe-le, pourquoi encombre-t-il le sol ?

Et le vigneron répondant, lui dit : Seigneur, laisse-le encore cette année, je creuserai tout autour, et y mettrai du fumier.

Et s'il porte du fruit c'est bien, sinon, après tu le couperas.

Luc 13 :6-9

Chapitre 57

À quoi ressemble le ministère quand Dieu ne vous aide pas

Et il y eut une grande famine dans Samarie ; et voici, ils l'assiégèrent jusqu'à ce que la tête d'un âne soit vendue quatre-vingts pièces d'argent, et le quart d'un kab de crotte de pigeon pour cinq pièces d'argent.

Et, comme le roi d'Israël passait sur la muraille, une femme lui cria, disant : Aide-moi, mon seigneur, ô roi.

Et il dit : Si le SEIGNEUR ne t'aide pas, comment t'aiderais-je ? De l'aire ou du pressoir ?

2 Rois 6 :25-27

Le cri du roi fut : « Si le SEIGNEUR ne vous aide pas, comment vous aiderais-je ? ». Ce doit être le cri de tout pasteur et berger. Ce doit être le cri de cœur de tout pasteur : que si Dieu ne m'aide pas, personne ne peut m'aider !

Si c'est ce qu'un pasteur croit, cela se manifestera de maintes façons. Si vous croyez que Dieu peut vous aider, vous vous trouverez souvent en prière. Vous vous trouverez étudier la Parole ! Vous vous trouverez attendre Dieu pendant de longues heures. Ce sera parce que vous savez que « si Dieu ne vous aide pas, personne ne peut vous aider ».

Vous aurez pu penser que quelqu'un dans le ministère sait que son aide vient vraiment du Seigneur. Mais parfois, ce sont les pasteurs qui ont assez peu de temps pour attendre Dieu. **Le plus grand secret du ministère est le secret de l'attente de Dieu.** De Lui vous viendra toute aide ! Essayez d'attendre Dieu un jour. Mettez de côté toute une journée et essayez de prier pendant sept heures consécutives. Vous découvrirez que l'aide de Dieu est ce qui fait la différence dans le ministère. Tout au long de votre vie terrestre et de votre ministère, attendre Dieu doit être une priorité jamais compromise.

Sept descriptions de la vie sans l'aide de Dieu

Je veux que vous sachiez comment cela se passera si Dieu *ne vous aide pas*. Je veux que vous ayez une idée de ce à quoi le ministère ressemblera si vous *n'attendez pas* Dieu. Hannah raconta comment les gens furent détruits quand Dieu ne les aida pas. Elle savait de première main que sans l'aide de Dieu, elle n'y arriverait pas. Elle savait ce que c'était que d'être sans l'aide de Dieu. Elle savait ce que c'est quand Dieu est contre vous.

1. Quand Dieu n'aide pas, même les puissants sont détruits.

ET HANNAH PRIA, ET DIT : Mon cœur se réjouit dans le SEIGNEUR ; ma corne est exaltée dans le SEIGNEUR ; ma bouche s'est élargie sur mes ennemis ; parce que je me réjouis en votre salut.

Nul n'est saint comme le SEIGNEUR ; car il n'y en a pas d'autre que toi, et il n'y a pas de roc comme notre Dieu.

Ne parlez plus si orgueilleusement ; ne laissez pas l'arrogance. Sortir de votre bouche ; car le SEIGNEUR est un Dieu de connaissance ; et par lui les actions sont pesées.

LES ARCS DES HOMMES PUISSANTS SONT BRISÉS, et ceux qui trébuchaient sont ceints de vigueur.

1 Samuel 2 :1-4

2. Quand Dieu ne vous aide pas, les gens feront peu de cas de vous ou de votre ministère. Le récompense que vous aurez pour votre service ne sera que du pain.

CEUX QUI ÉTAIENT RASSASIÉS SE SONT LOUÉS POUR DU PAIN, et ceux qui étaient affamés ont cessé de l'être ; si bien que même la stérile en a enfanté sept, et celle qui a beaucoup d'enfants est devenue affaiblie.

1 Samuel 2 :5

3. Si Dieu ne vous aide pas, vous vous affaiblirez au lieu de vous fortifier.

   Ceux qui étaient rassasiés se sont loués pour du pain, et ceux qui étaient affamés ont cessé de l'être ; si bien que même la stérile en a enfanté sept, et CELLE QUI A BEAUCOUP D'ENFANTS EST DEVENUE AFFAIBLIE.

   1 Samuel 2 :5

4. Si Dieu est contre votre ministère, vous mourrez.

   Le SEIGNEUR fait mourir et fait vivre ; il fait descendre dans la tombe, et en fait remonter.

   1 Samuel 2 :6

5. Si Dieu ne vous aide pas, vous vous appauvrirez.

Le SEIGNEUR appauvrit et enrichit, il abaisse et il élève.

1 Samuel 2 :7

6. Si Dieu ne vous aide pas, vous serez rétrogradé.

   Le SEIGNEUR appauvrit et enrichit, IL ABAISSE et il élève.

   1 Samuel 2 :7

7. Si Dieu ne vous aide pas, la voix de votre ministère sera réduite au silence.

   Il gardera les pieds de ses saints, ET LES MÉCHANTS SE TAIRONT DANS LES TÉNÈBRES ; car l'homme ne prévaudra pas par force.

   1 Samuel 2 :9

Chapitre 58

À quoi cela ressemble quand Dieu vous promeut

Dieu a promis de faire grandir et de promouvoir Ses serviteurs. Il vous fera croître et prospérer. Tout ce que vous sèmerez, vous le récolterez. Ce fut un tel fardeau sur le cœur du Seigneur que Ses brebis soient nourries et qu'on prenne soin d'elles.

« Pais mes brebis ! » fut la dernière instruction passionnée du Seigneur à Ses disciples. Sûrement, il doit y avoir une récompense pour ceux qui obéissent à quelque chose d'aussi cher au cœur du Seigneur.

La foi est importante dans le ministère. Un pasteur doit être un homme de foi. Vous devez avoir de grandes attentes pour la croissance de l'église. Vous devez croire que Dieu prendra soin de vous et accroîtra le troupeau. Vous devez espérer et attendre les bénédictions du Seigneur sur le travail de vos mains. Sans la foi, il est impossible de plaire à Dieu ! Vous faites davantage plaisir à Dieu quand vous croyez qu'Il vous bénira et vous récompensera.

Dieu a promis de vous aider et de vous promouvoir. Tout au long de la Bible, Dieu promet d'aider Ses serviteurs d'une manière ou d'une autre. Ne craignez pas que votre ministère échoue. Dieu vous élèvera et vous fortifiera afin que vous accomplissiez votre appel. Il se peut que vous ayez beaucoup d'ennuis, de problèmes et de difficultés, mais à la fin, vous les surmonterez tous.

Je veux partager avec vous diverses promesses de l'Écriture auxquelles vous devez tenir. Ce sont des promesses qui parlent de votre avenir. Ce sont des prédictions du résultat ultime de votre vie et de votre ministère.

Trente-huit promesses de promotion

1. Dieu a promis que vous vous répandrez.

   Car TU TE RÉPANDRAS à main droite et à gauche ; et ta semence héritera les Gentils, et rendra habitées les villes désertes.

   Ésaie 54 :3

2. Dieu a promis que vous ne serez ni honteux ni confus. Dieu a promis que vous ne vous souviendrez pas de la saison de votre veuvage (désolation) dans le ministère.

   N'aie pas peur ; car TU NE SERAS PAS HONTEUSE ; ne sois pas confuse, car tu ne rougiras pas ; car tu oublieras la honte de ta jeunesse, et tu ne te souviendras plus de l'infamie de ton veuvage

   Ésaie 54 :4

3. Dieu a promis de vous rassembler à votre troupeau.

   Mais avec de grandes miséricordes je te rassemblerai

   Ésaie 54 :7

4. Dieu a promis que vous recevriez Sa miséricorde et Sa bonté.

   Mais avec une bonté éternelle, je te ferai miséricorde

   Ésaie 54 :8

5. Dieu a promis que vos enfants seront enseignés par le SEIGNEUR et auront la paix.

   Et tous tes enfants seront enseignés par le SEIGNEUR, et grande sera la paix de tes enfants

   Ésaie 54 :13

6. Dieu a promis que vous serez établi dans la droiture.

   Tu seras établie dans la droiture

   Ésaïe 54 :14

7. Dieu a promis que vous ne serez pas opprimé.

TU SERAS LOIN DE L'OPPRESSION

Ésaie 54 :14

8. Dieu a promis que vous serez éloigné de la terreur et de l'effroi.

Car TU N'AURAS PAS PEUR, et de l'effroi, car il n'approchera pas de toi

Ésaie 54 :14

9. Dieu a promis que toute arme contre votre vie échouera.

Aucune arme formée contre toi ne réussira

Ésaie 54 :17

10. Dieu a promis que vous auriez un pouvoir supérieur contre les accusateurs, les menteurs et les calomniateurs.

Et tu condamneras toute langue qui se lèvera contre toi en jugement

Ésaie 54 :17

11. Dieu a promis de vous établir au-dessus de tous vos collègues.

Dieu te placera au-dessus de toutes les nations de la terre :

Deutéronome 28 :1

12. Dieu a promis de vous bénir où que vous aillez.

Tu seras béni dans la ville, et tu seras béni dans les champs

Deutéronome 28 :3

13. Dieu a promis de bénir vos enfants et votre bétail.

Béni sera le fruit de ton corps, et le fruit de votre sol, et le fruit de votre bétail, et la reproduction de tes vaches et des troupeaux de tes brebis

Deutéronome 28 :4

14. Dieu a promis de bénir vos biens.

Bénis seront ton panier et ta réserve

Deutéronome 28 :5

15. Dieu vous a promis Ses bénédictions sur vos voyages.

Vous seras béni dans ton entrée, et tu seras béni dans ta sortie

Deutéronome 28 :6

16. Dieu a promis de disperser vos ennemis.

Le SEIGNEUR fera que tes ennemis, qui s'élèveront contre toi, seront battus devant toi; ils sortiront contre toi par un chemin, et ils s'enfuiront devant toi par sept chemins

Deutéronome 28 :7

17. Dieu a promis de bénir le travail de vos mains.

Le SEIGNEUR commandera à la bénédiction d'être avec toi dans tes greniers et dans tout ce à quoi tu mettras ta main; et il te bénira dans le pays que le SEIGNEUR ton Dieu te donne.

Deutéronome 28 :8

18. Dieu a promis de vous mettre à part pour Lui.

Le SEIGNEUR t'établira pour lui être un peuple saint, selon qu'il te l'a juré, parce que tu garderas les commandements du SEIGNEUR ton Dieu, et que tu marcheras dans ses chemins

Deutéronome 28 :9

19. Dieu a promis de rendre vos bénédictions évidentes aux yeux de tous.

Et tous les peuples de la terre verront que tu es appelé du nom du SEIGNEUR, et ils auront peur de toi

Deutéronome 28 :10

20. Dieu a promis de vous rendre fécond.

Et le SEIGNEUR ton Dieu te fera abonder en biens, dans le fruit de ton corps, dans le fruit de ton bétail et le fruit de ton sol, dans le pays que le SEIGNEUR a juré à tes pères de te donner

Deutéronome 28 :11

21. Dieu a promis de vous donner l'abondance pour que vous prêtiez aux autres.

Le SEIGNEUR t'ouvrira son bon trésor, le ciel, pour donner à ta terre la pluie en sa saison, et pour bénir tout le travail de ta main; et tu prêteras à beaucoup de nations, et tu n'emprunteras pas

Deutéronome 28 :12

22. Dieu a promis que vous excellerez.

Et le SEIGNEUR fera de toi la tête et non la queue; et tu seras seulement au-dessus, et tu ne seras pas au-dessous; si tu écoutes les commandements du SEIGNEUR ton Dieu, que je te commande aujourd'hui pour les observer et les faire :

Deutéronome 28 :13

23. Dieu a promis que votre cœur se réjouira dans le Seigneur.

Mon cœur se réjouit dans le SEIGNEUR

1 Samuel 2 :1

24. Dieu a promis de faire de vous un homme d'autorité.

Ma corne est exaltée dans le SEIGNEUR :

1 Samuel 2 :1

25. Dieu a promis que vous vaincrez et que vous pourrez parler hardiment des problèmes et ennemis du passé.

Ma bouche s'est élargie sur mes ennemis

1 Samuel 2 :1

26. Dieu a promis que vous vous réjouirez dans le salut du Seigneur.

Parce que je me réjouis en ton salut

1 Samuel 2 :1

27. Dieu a promis qu'Il sera votre défense.

Et il n'y a pas de roc comme notre Dieu

1 Samuel 2 :1

28. Dieu a promis que vous recevrez la vigueur, même quand vous trébuchez.

Et ceux qui trébuchaient sont ceints de vigueur

1 Samuel 2 :4

29. Dieu a promis que vous ne souffrirez plus de la faim.

Et ceux qui étaient affamés ont cessé de l'être

1 Samuel 2 :5

30. Dieu a promis de vous délivrer de la stérilité et vous rendre fécond.

Si bien que même la stérile en a enfanté sept

1 Samuel 2 :5

31. Dieu a promis de vous garder en vie.

Le SEIGNEUR fait mourir et fait vivre

1 Samuel 2 :6

32. Dieu a promis de vous élever.

Il fait descendre dans la tombe, et en fait remonter

1 Samuel 2 :6

33. Dieu a promis de vous enrichir.

Le SEIGNEUR appauvrit et enrichit

1 Samuel 2 :7

34. Dieu a promis de vous élever plus haut.

Il abaisse et il élève

1 Samuel 2 :7

35. Dieu a promis de vous faire lever de la poussière.

Il fait lever le pauvre de la poussière

1 Samuel 2 :8

36. Dieu a promis de vous mettre en compagnie des princes.

Et soulève le mendiant du tas de fumier, pour les établir parmi les princes, et leur fait hériter le trône de gloire.

1 Samuel 2 :8

37. Dieu a promis de diriger vos pas.

Il gardera les pieds de ses saints

1 Samuel 2 :9

38. Dieu a promis de vous fortifier.

Et il donnera vigueur à son roi, et il exaltera la corne de son oint.

1 Samuel 2 :10

Notes

1. W. Phillip Keller, Un berger médite le Psaume 23. Les références renvoient ici à l'édition en anglais : W. Phillip Keller, *A Shepherd Looks at Psalm 23* (Grand Rapids, Michigan: Zondervan, 2007), 41-42.
2. Ibid., 58, 60, 66.
3. Ibid., 70-71, 73-74, 76-79.
4. Ibid., 84-85, 88.
5. Ibid., 61-62, 86-88.
6. Ibid., 98, 100, 103-105.
7. Ibid., 36-38.
8. Ibid., 113-115, 117.
9. Ibid., 120-121, 123-124.
10. Ibid., 129-131.
11. Ibid., 138-143.
12. Ibid., 150-152.
13. Ibid., 167-170.

Les livres de
Dag Heward-Mills

1. Loyauté et déloyauté
2. Loyauté et déloyauté - Ceux qui vous accuse
3. Loyauté et déloyauté - Ceux qui sont des fils dangereux
4. Loyauté et déloyauté - Ceux qui sont ignorant
5. Loyauté et déloyauté - Ceux qui oublient
6. Loyauté et déloyauté - Ceux qui vous quittent
7. Loyauté et déloyauté - Ceux qui prétendent
8. La croissance de l'Eglise
9. L'implantation de l'Eglise
10. La méga église (2ème Edition)
11. Recevoir l'onction
12. Etapes menant à l'onction
13. Les douces influences de l'onction
14. Amplifiez votre ministère par les miracles et les manifestations du Saint Esprit
15. Transformer votre ministère pastoral
16. L'art d'être berger
17. L'art de leadership (3ème Edition)
18. L'art de suivre
19. L'art de ministère
20. L'art d'entendre (2ème Edition)
21. Perdre, Souffrir, Sacrifier et Mourir
22. Ce que signifie devenir berger
23. Les dix principales erreurs que font les pasteurs
24. Car on donnera à celui qui a et à celui qui n'a pas on ôtera même ce qu'il a
25. Pourquoi les chrétiens qui ne paient pas la dime deviennent pauvres et comment les chrétiens qui paient la dime peuvent devenir riches.
26. La puissance du sang
27. Anagkazo
28. Dites-leur
29. Comment naître de nouveau et éviter l'enfer
30. Nombreux sont appelés
31. Dangers spirituels
32. La Rétrogradation
33. Nommez-le! Réclamez-le ! Prenez-le !
34. Les démons et comment les affronter
35. Comment prier
36. Formule pour l'humilité
37. Ma fille, tu peux y arriver
38. Comprendre le temps de recueillement
39. Ethique ministérielle (2ème Edition)
40. Laikos

www.ingramcontent.com/pod-product-compliance
Lightning Source LLC
Chambersburg PA
CBHW051950090426
42741CB00008B/1339